War das ein Fest!

Geschichten von Feten und Feiern

Herausgegeben von
Hella Knappertsbusch

Ullstein Großdruck

Ullstein Großdruck
ein Ullstein Buch
Nr. 40123
im Verlag Ullstein GmbH,
Frankfurt/M – Berlin

Umschlagentwurf:
Theodor Bayer-Eynck
unter Verwendung eines
Aquarells von
Lutz Ehrenberger
›Bis früh um fünfe...!‹
Archiv für Kunst und
Geschichte, Berlin
Alle Rechte vorbehalten
Copyright für diese
Ausgabe 1991
Verlag Ullstein GmbH,
Frankfurt/M – Berlin
Printed in Germany 1991
Gesamtherstellung:
Ebner Ulm
ISBN 3 548 40123 6

August 1991

Die Deutsche Bibliothek –
CIP-Einheitsaufnahme

War das ein Fest!: Geschichten von Feten
und Feiern / hrsg. von Hella
Knappertsbusch. – Frankfurt/M; Berlin:
Ullstein, 1991
  (Ullstein-Buch; Nr. 40123:
  Ullstein-Großdruck)
  ISBN 3-548-40123-6
NE: GT

Inhalt

Ludwig Börne
Der Opernball* 7

Kurt Tucholsky
Berliner Ballberichte 14

Emile Zola
Das Fest zu Coqueville 23

Roda Roda
Der Unteroffiziersball in Ototschatz 72

Siegfried Lenz
Ball der Wohltäter 76

Marie Luise Kaschnitz
Silberne Mandeln 89

Jules Barbey d'Aurevilly
Don Juans schönste Leidenschaft 100

Roda Roda
Unser Hausball 138

Joseph von Eichendorff
Die Gesellschaft* 148

John Updike
Glücklicher war ich nie 158

Robert Louis Stevenson
Das fünftägige Fest 190

Ludwig Thoma
Das Waldfest 211

E.T.A. Hoffmann
Die Abenteuer der Silvesternacht 240

Heinrich Mann
Der Kostümball* 249

Quellenverzeichnis 282

Die mit einem Stern* versehenen Titelformulierungen stammen vom Lektorat.

Ludwig Börne

Der Opernball

Paris, den 24. Januar 1831
Sie warten gewiß schon diese vier Tage lang auf eine herrliche Beschreibung des Opernballes; aber kehren Sie nur gleich um. Ich weiß von dem Balle nicht mehr als jeder Fürst von seinem Lande; denn ich habe ihn nur von oben herab gesehen. Nun, ich bin da gewesen, und – *bin noch da.* Das ist das Wunder! Der Ball scheint nur eingerichtet worden zu sein, um zu zeigen, wie wenig Raum und Luft ein Mensch braucht, um zu leben. Das nennen sie ein Vergnügen! Wenn ich einmal einen Kriminalkodex mache, würde ich die schweren Verbrecher verurteilen, dreißig Nächte hintereinander auf solchen Bällen zuzubringen. Nach den besten medizinischen und chirurgischen Handbüchern hätten von den Anwesenden 7000 Menschen 2000 ersticken, 2000 erdrückt werden und die drei übrigen Tausend mehr oder weniger krank werden müssen. Doch von dem allen ist

nichts geschehen, und die 7000 leben sämtlich noch. Von den Weibern begreife ich das; die erhält auf jedem Balle die Religion, der Märtyrerglaube, der den Körper ganz unempfindlich macht und wie vernichtet. Aber wie hielten es die Männer aus? Es hatte keiner mehr Platz und Luft als in einem Sarge. Die Franzosen müssen mit Springfedern gefüttert sein. Aber es ist wahr, der Anblick war herrlich, bezaubernd, es war ein Märchen aus Tausendundeiner Nacht. Dieser sonnenhelle Lichterglanz, dieses strahlende Farbengemisch von Gold, Silber und Seide, von Weibern, Kristall und Blumen, und das alles mit so viel Sinn und Kunst angeordnet, daß es das Auge erquickte und nicht blendete, und die Musik dazwischen, wie hineingestickt in den großen Teppich, eins damit – es war zu schön. Das Parterre, verlängert durch die Bühne, hatte Reihen von Bänken, auf welchen die Damen saßen, oder hinter Balustraden an den Wänden herum. Zwischen schmalen Gassen bewegten sich die dunkeln Männer, oder (sollte ich sagen) zog der *Mann*; denn sie waren alle wie zusammengewachsen. Und jetzt vom Boden an aufwärts saßen die Frauenzimmer in ungeheuren Kreisen immer höher übereinander, in den Logenreihen, bis hinauf zur Decke, wo sonst nur das letzte Volk sitzt. Die einzelnen Bewegungen waren unerkennbar, der Mensch verlor sich in eine Sache, das Leben ward zum Gemälde. Aus der Mittelreihe der Logen sah ich hinab, hinauf, umher, aber der Anblick von unten, vom Hintergrunde des Theaters zumal, muß noch viel schöner gewesen sein. Ich konnte nicht hineindringen, und mich wie die andern hineindrängen zu lassen, das wagte ich nicht. Der große Foyer der Oper war gleich herrlich wie das Theater selbst beleuchtet und ausgeschmückt. Da wurde auch getanzt. Da sammelte sich alles, was Theater und Logen nicht fassen konnten und was überströmte. Korridor und Treppen, sonst nur bestimmt durchzugehen, hinauf- und hinabzusteigen, dienten zum bleibenden Aufenthalte und waren so gedrängt voll Menschen wie der Saal selbst. Unten beim Eingange wurde man von einem Musikchore empfangen; die Treppen waren mit großen Spiegeln und Blumen geschmückt, der Boden mit Teppichen belegt. Durch zwei Reihen Nationalgardisten stieg man hinauf. An mehreren Orten waren Buffets eingerichtet. Erfrischungen aller Art im reichsten Überflusse. Das kostete nichts, das war mit dem Billet zugleich bezahlt. Königliche Diener servierten auf dem Silbergeschirre des Königs. Am Buffet unterhielt ich mich sehr. Da stand ich oft und lange; nicht um zu genießen, sondern in den reinsten Absichten, nämlich um reine Luft einzuatmen. Von den Buffets führten offenstehende Türen zu zwei Balkons nach der Straße, die nur mit Zelttuch bedeckt waren und zur Küche dienten. Da, und nur da allein im ganzen Hause, konnte man frei atmen. Das Schauspiel bei den Buffets war auch ohnedies ergötzlich. Es ist doch etwas Erhabenes, eine so große Menschenmenge essen und trinken zu sehen! Hohe Berge von Kuchen, Torten, Konfitüren, Früchten; Ströme von Limonade, Himbeersaft, Orgeade; ganze Schollen von Eis – das war in einer Minute wie verschwunden, man wußte nicht, wo es hingekommen, es war wie eine Taschenspielerei. Augenblicklich wurde alles wieder ersetzt, erneuert, und augenblicklich war alles wieder verschwunden, und so immer fort, und alles in den kleinen Mund hinein! Ich sah, wie ein Offizier der Nationalgarde seinen kriegerischen Mut zeigte, indem er seinen Säbel zog und damit eine ungeheure Torte zusammenhieb. Er hörte nicht eher auf mit Hauen und Verschlingen, bis er das Gebiet seines Körpers erweitert hatte. Das nennt aber ein Franzose nicht erobern, sondern seine natürliche Grenze wieder bekommen. Und so werden sie nächstens das süße Belgien anschneiden und den Rhein austrinken wie ein Glas Limonade. Sehr bald! *Nous n'aimons pas la guerre, mais nous ne la craignons pas* – das heißt: Wir lieben den Krieg, aber bis jetzt haben wir ihn gefürchtet, weil wir noch nicht gerüstet waren.

Die Ordnung auf dem Balle war musterhaft, es war ein Meisterstück von Polizei. Es waren sogar zwei allerliebste kleine Feldspitäler eingerichtet, bestimmt zur Aufnahme und Pflege verwundeter Weiber. Es war zu artig! Dunkelgrün drapierte Zimmerchen, Dämmerlicht, Servietten, frisches Wasser, alle möglichen Salze und riechenden Sachen, Scheren zum Aufschneiden der Korsetts, Essig, Zitronen, kurz alles, was man braucht, um Weiber wieder zur Besinnung zu bringen. In jedem Spitälchen eine geübte Krankenwärterin, erfahren in allen Geheimnissen weiblicher Ohnmacht; draußen ein Türsteher zur Wache. Ich, der das Schlachtfeld gesehen, dachte, es müßten Scharen von gefallenen Weibern herbeigetragen werden; es kam aber bis Mitternacht nicht eine. Ich hätte freilich wissen sollen, daß Frauen öfter in Kirchen als auf Bällen in Ohnmacht fallen ... Der König mit der ganzen königlichen Familie waren auch anwesend. Ich sah sie zum ersten Male ganz in der Nähe. Die jungen Prinzen sehr charmant. Wären sie nur legitim gewesen, ich hätte sie küssen mögen. Sie wurden mit lauter und herzlicher Liebe empfangen. Ich war auf dem Vorplatze und hörte auch den Jubel von innen heraus. Es soll ein ganz herrlicher Anblick gewesen sein, wie beim Eintritte des Königs alle die vielen tausend Menschen sich von ihren Sitzen erhoben und ihn begrüßten. Dieses eine nicht gesehen zu haben, tat mir am meisten leid. Um Mitternacht lag ich schon im Bette, ganz herzlich froh, daß mein Vergnügen ein Ende hatte, und die armen Menschen bejammernd, die noch auf dem Balle waren. Die Hitze war zum Ersticken. Lieber in einer arabischen Sandwüste weilen, wo man doch wenigstens nicht den verdorbenen Atem anderer Menschen einzuhauchen braucht. Ich habe so viele französische Luft eingesogen, daß ich begierig bin, was es für Folgen haben und welche Veränderung es in meiner deutschen Natur hervorbringen wird. Ich wollte, ein Aerostat hinge mir ein Schiffchen an die Beine und versuchte mich. Um halb acht Uhr morgens fuhren die letzten Wagen fort. Ich habe kleine Berechnungen angestellt, wie viel ein solcher Ball kostet, und wie viel Gelder er in Umlauf bringt. In Paris geht alles gleich ins Große, und die kleinste Ausgabe eines einzelnen wird für die Menge ein hohes Budget. 7000 Billetts wurden verkauft zu 20 Fr. Außerdem gab die königliche Familie 8000 Fr. für ihren Eintritt, und mehrere Privatleute haben ihre Billetts mit 1000 Fr. bezahlt. 7000 Paar Handschuhe zu 50 Sous im Durchschnitt machen 17 500 Fr.; 2500 Weiber (so viele waren auf dem Balle) zu frisieren, der Kopf im Durchschnitt zu 4 Fr. 10 000 Fr.; 2500 Paar Schuhe zu 4 Fr. macht 10 000 Fr.; Mietkutschen hin und her wenigstens 10 000 Fr.; das bisherige allein macht schon über 200 000 Fr.; und jetzt dazu gerechnet, was Damen und Herren an andern Putzsachen und Kleidern verwendet haben! Auf dem Balle habe ich auch zum ersten Male alle Figuren des Frankfurter Modejournals (nur mit schönern Gesichtern) lebend gesehen. Ach, was für schöne Kleider! Ich wollte, ich wäre eine Putzmacherin, um Ihnen das alles beschreiben zu können. Besonders habe ich ein Kleid bemerkt, gemacht ich weiß nicht wie, von einer Farbe, die ich vergessen, und darüber einen Kopfputz, den ich nicht verstanden – Sie werden mich schon verstehen – aber das war einzig! Doch habe ich auch Putzwerke gesehen, sinn- und geschmacklos und so kleinstädtisch, als kämen sie aus Friedberg. Das mögen wohl Bürgersweiber und Bürgerstöchter aus dem Marais und der Rue St.-Denis gewesen sein, die reich sind, aber nicht an Geschmack. Auch erinnere ich mich, nie auf deutschen Bällen so viele alte, häßliche, ja mißgestaltete Weiber gesehen zu haben, die sich so unverschämt jung und schön gekleidet hätten, als ich hier sah.

Kurt Tucholsky

Berliner Ballberichte

> Die Gräfin betrat im Glanze
> ihres Glasauges den Saal.
> Mark Twain

Ball des Reichsverbandes Deutscher Heeresgynäkologen

Unter der Leitung seines rührigen Vorsitzenden, des Herrn Geheimrat Ovaritius, bot das Flugverbandhaus am Sonnabend ein wahrhaft mondänes und gleichzeitig vornehm-großstädtisches Bild. Riesige, so gut wie unbeschnittene Taxusbäume in der Vorhalle; um große, runde Tische die Diplomaten, die Spitzen der Behörden sowie alle Prominenten der Reichswehr. Von den hundertvierundfünfzig Admiralen unserer Marine waren etatsmäßig nur zweihundertundachtzehn erschienen. Die Herren in großer Uniform oder schlichtem Frack; eine Fülle schöner Frauen, sehr viel hintere Doppelraffungen aus strahlend leuchtender Chinakreppgeorgettealpaccachenille. Die Kleider sind durchweg lang, besonders unten; ein Modell der Firma Hammarbach ›Westöstlicher Divan‹ erregte allgemeines Entzükken. Frau Generalarzt Poschke in Weiß; Henny Porten in Blausa; Prinzessin Adalbert von Preußen (himmelblauer Samt, am Rand mit Gold abgefunden); Frau Generalarzt Drysen (korallenrotes Pastellbrokat); Frau Generaldirektor Rosenthal (doppelkorallenrotes Pastellfeinbrokat); eine Fülle modischer Anregungen und schwirrende Weltsprachen. Wie ich an den Uniformen unsrer Offiziere festgestellt habe, ist die Blume an der Achsel gänzlich passé. Kapellen der fast republikanischen Reichswehr, und, soweit sie nicht ausreichen, die Orchester der angeschlossenen Verbände; in der Bierschwemme echt nationalsozialistische Stimmung, Sanitätsstube nebenan. Gedränge und Gewoge, wahrlich, das Wort des Generaloberarztes Professor Friedrich regierte die Stunde: »Clitoris, die zehnte Muse, hat gesiegt!«

Der Presseball

Das größte gesellschaftliche Ereignis der Weltstadt ist vorüber. Es war mehr als ein Ereignis – es war ein Evenement.

Bereits um elf Uhr verloren die Garderobenfrauen den Kopf und gaben ihn in der Garderobe ab, so drängte sich Prominenz an Prominenz. Vor der Staatsloge staute sich die Menge und begann bald, einem Anfall von Basedow zu erliegen: vier Herren und zwei Damen quollen die Augen aus dem Kopf, die später eine willkommene Bereicherung der Tombola wurden. Die Regierung war, soweit man hier von Regierung sprechen kann, vollzählig vertreten. Die Gesandten und Botschafter aller zivilisierten Staaten, sowie Bayerns, waren anwesend; die Dichtkunst wurde von Ludwig Fulda plattgetreten. In einer Loge saßen die leitenden Männer der deutschen Presse, darunter auch ein Redakteur. Ein wahrhaft glänzendes gesellschaftliches Bild bot sich den Augen; man sah die jugendliche Naive Adele Sandrock, den Redaktionschristen der Scherlschen *Nachtausgabe* sowie einen Frack (Harry Liedtke). Das Watteau-Figürchen der Frau Katharina von Oheimb tauchte auf. Man sah die Herren Doktor Klöckner und Ministerialdirektor Klausener, der eine repräsentierte die katholischen Aktien, der andre die Katholische Aktion; Herr Rechtsanwalt Alsberg nickte der Großfinanz, soweit sie herumstand, freundlich zu; soweit sie saß, vertrat sie Herr Geheimrat Lemke vom Strafvollzugsamt der Provinz Brandenburg. Industrie und Handel: Jakob Goldschmidt, Doktor von Stauß, die Gebrüder Rotter. Herr Gesandter von Moltke war aus Warschau gekommen, Herr Breitscheid aus dem Mustopp. Auf meinen Hühneraugen bemerkte ich unter andern: den Meistergolfer Herbert Gutmann, die Generale von Seeckt, Heye und Kleiber. Herr Dorpmüller, der Chef der Reichsbahn, hatte im Gedränge einige kleinere Zusammenstöße, die er aus alter Gewohnheit lächelnd hinnahm. Eine Fülle schöner Frauen, die zuckenden, werbenden Rhythmen der Kapellen, tausend Kellnerdaumen in tausend Sektgläsern: ein wahrhaft weltstädtisches Bild! Die Tombola bot als Ehrenpreis zwei Sommerreisen in den fernen Orient, darunter eine nach St. Moritz, sowie als zweite Preise: einen Rasierapparat mit Radio aus Silber und einen Bowlenpokal aus Tineff. Die anwesenden Zeitungsverleger konnten mit dem Ertrag des streng exklusiven Festes, dem viertausend Personen beiwohnten, zufrieden sein: für die notleidenden Presseleute ist ausgesorgt.

Ball der Berliner Moselblümchen

Der Reichsverband deutscher Hausfrauen sowie die angeschlossenen Spitzenverbände hatten am Donnerstag zu einem reizenden Ball geladen. Die deutsche Hausfrau, die deutsche Mutter und die deutsche Abonnentin haben wieder einmal gezeigt, mit wie wenig Mitteln man so ein Fest aufziehen kann, ein Fest, das an Eleganz und Wohlgelungenheit sich dennoch vor keinem Pariser Opernball zu verstecken braucht. Man sah – schlicht um schlicht! – sehr viel schöne Frauen; Schleppkleider von vorgestern, also von heute, in der heutigen Mode wird überhaupt das Frauliche stark unterstrichen, besonders hinten. Ein allgemein interessierendes Rohkostbüfett fand begeisterten Anklang, und die belegten Brötchen mit gestoßenem Koks, von Tannenzweigen garniert, waren im Nu verzehrt. Bei kräftiger Zitronenlimonade stieg die Stimmung bald ins Vornehm-Bürgerlich-Bacchantische; in angeregten Gesprächen besprachen die sorgsamen Hausfrauen die eigne Verdauung sowie die ihres Mannes und auch die Mittel, wie solcher aufzuhelfen sei. Ins Reich der Dichtkunst führte uns der Unterhaltungsteil: Frau Gertrud Bäumer rezitierte vielbejubelte Wirtinnenverse, zwei Zauberkünstler vom Reichsgericht in Leipzig machten reizende Taschenkunststücke vor, und bei der Verlosung schwang unter allgemeiner Freude der Berliner Polizeipräsident ein Päckchen Verbandsgaze, das er gewonnen hatte.

Kolonialball

Im köstlichen Rahmen ein wahrhaft weltstädtisches Bild: die Spitzen der Behörden, Vertreter der großen Schiffahrtsgesellschaften, für die die Kolonien ja in erster Linie wieder eingerichtet werden sollen, der von Fest zu Fest eilende Berliner Polizeipräsident, Repräsentanten von Grund- und Boden-Wucher, und endlich die Hauptpersonen: die Vertreter aus allen derzeitigen deutschen Kolonien und solchen, die es werden wollen. Unter den jungen Diplomaten dominiert der Girltyp. Der Verein für das Deutschtum im Auslande hatte die Ausschmückung des Saales übernommen: überall lustige, auf Kokosblätter gemalte Wandkarten, die uns das moderne Weltbild veranschaulichten: die Brüder, die zu befreien sind, und die Brüder, denen man es noch besorgen muß. Die Tanzbegleitung lag in den bewährten Händen des Orchesters enteigneter Hereros. Eine Fülle rassiger, schöner Frauen zierte das Fest; der Kronprinz wohnte zunächst dem Fest bei. Zwei Kostüme: ein pflaumenfarbenes, mit Goldfäden durchzogenes Abendkleid, vorne so lang wie hinten so hoch, und ein ärmelloses Kleid, das von einem Wattebausch zusammengehalten wurde, werden sicherlich überall für den Gedanken der deutschen Kolonisation werben.

Faschingsball der Kolonne »Wedding-Nord«

In den Festräumen der Gaststätten ›Zum strammen Hund‹ fand am Sonnabend der im ganzen Stadtviertel berühmte Faschingsball der allgemein beliebten Kolonne »Wedding-Nord« statt. Schöne

Frauen, gutaussehende Männer im Frack, in den Ehrenlogen die Spitzel der Behörden; alles jazzte, steppte und wiegte sich nach den schmetternden Klängen des Handgranaten-Orchesters der Schutzpolizei. Der angeregte Abend endete mit einer gut geglückten Schlägerei, bei der der anwesende Vizepräsident Weiß leicht verletzt wurde, weil er von den eignen Mannschaften erkannt worden war.

Ballkalender

Dienstag: 59. Stiftungsfest Bibliophiler Hebammen.
Mittwoch: Ball der Frauenturnriege des Verbandes Monistischer Uhrmacher.
Sonnabend: Tanzkränzchen der Ortsgruppe des Gaues Brandenburg des Reichsbundes Gleichgeschlechtlicher Sachsen (Opposition).
Der Ball des Preußischen Richtervereins ist der Einfachheit halber mit dem Ball der ›Bösen Buben‹ zusammengelegt worden.

Alpenball des Pen-Klubs

Ein entzückender Kostümball vereinte gestern Literatur, Kunst, Wissenschaft und die verwandten Industrien bei Kroll. Man tanzte nach den Kapellen Etté und Rowohlt und sah eine Fülle bezaubernder Kostüme an sich vorbeiziehen.

Walter von Molo als Dichter; Arnolt Bronnen als Original-Faschist mit ziemlich schwarzem Hemd und rituellem Monokel; Gerhart Hauptmann in einer vorzüglichen Maske als alter Gerhart Hauptmann; aus Paris zwei Damen: die Colette und Germaine André, und die Stimmung erreichte ihren Höhepunkt, als Ernst Jünger und Kaplan Fahsel einen reizenden Philosophieplattler vorführten. Die Behäbigkeit und Stämmigkeit unsrer Börsenmakler brachte die echten Tiroler Kostüme erst voll zur Geltung, ein Beweis, daß Natürlichkeit das Hübscheste ist und bleibt. Zum Schluß des Abends trat in der Kaffeepause, stürmisch akklamiert, Galsworthy für die deutsch-französisch-englische Verständigung ein, womit sie ja nun wohl Tatsache sein dürfte. Die anwesenden Dichter gelobten, im Frieden Pazifisten zu sein und zu bleiben. Die moderne Literatur hat mit dieser Veranstaltung, der die Spitzen der Behörden und ein Kranz schöner Frauen beiwohnten, bewiesen, daß sie nun endlich repräsentativ geworden ist, ja wir dürfen getrost sagen: nichts als das.

Ball der Deutschen Ballindustrie

Es war ein bezaubernder Abend voller Stimmung und Schwung: Diplomatie, der Tennisklub Changeant-Weiß, sehr viel Sport, auch boten die anwesenden Ballberichterstatterinnen mit den Brillanten ihres Stils ein reizendes Bild. Herr Generaldirektor A. S. Geyer vom Reichsverband der deutschen Ballindustrie führte in einer zündenden Ansprache aus, daß die Berliner Bälle nicht für die Besucher, sondern für die Veranstalter da seien. Gegen Mitternacht wurden zwei Büsten enthüllt: von Ludwig Pietsch und Alfred Holzbock, den Altmeistern der Berliner Ballberichterstattung. Frau Direktor Marheineke (weiße Thekla-Seide, mit echt Reptil abgesetzt) zerschlug an Holzbocks Kopf eine Flasche durchaus deutschen Sektes: »Unsre Devise sei«, rief sie aus, »neckisch, aber vornehm – ausgelassen, aber mondän! Wir sind nicht dazu da, uns das Leben gegenseitig angenehm zu machen, und darum veranstalten wir die

        Berliner Bälle –!«

Emile Zola

Das Fest zu Coqueville

I

Coqueville ist ein kleines Dorf, das in einer Felsspalte, zwei Meilen von Grandport, eingeklemmt ist. Die Hütten der Bewohner kleben an den Uferfelsen wie Muscheln, die die Flut zurückgelassen hat, und davor dehnt sich der breite, sandige Strand. Wenn man von Grandport aus nach Westen blickt, sieht man die gelbe Sandfläche deutlich vor sich – wie einen breiten Streifen von Goldstaub, der aus der Felsspalte hervorrinnt. Wer gute Augen hat, vermag sogar die einzelnen Häuser zu erkennen, die sich rötlich von den Seiten abheben, während aus den Schornsteinen die blauen Rauchwolken zum Himmel emporsteigen.

Es ist ein weltverlorenes Nest. Coqueville hat es noch nie zu zweihundert Bewohnern gebracht. Die Felsschlucht, an deren Schwelle das Dorf erbaut ist, öffnet sich nach dem Meer zu und bildet so tiefe Einschnitte und steile Abhänge, daß es fast unmöglich ist, hier mit Wagen zu fahren. So ist jede Verbindung mit der Außenwelt abgeschnitten, es ist, als ob die nächsten Dörfer Hunderte von Meilen entfernt wären. Die Bewohner verkehren mit Grandport nur zu Schiff. Es sind fast sämtlich Fischer, die vom Ertrag des Ozeans leben und täglich den Fang in ihren Booten nach Grandport hinüberfahren. Das Haus Dufeu, eine große Fischhandlung, kauft ihnen ihre Ware auf Akkord ab. Der alte Dufeu ist vor einigen Jahren gestorben, aber seine Witwe führt das Geschäft weiter, sie hat sich nur einen Kommis zu Hilfe genommen, Herrn Mouchel, einen großen blonden Teufelskerl, dessen Aufgabe es ist, mit den Fischern zu handeln. Dieser Mouchel ist das einzige Band, das Coqueville mit der zivilisierten Welt verknüpft. Coqueville hätte einen eigenen Geschichtsschreiber verdient. Soviel scheint festzustehen, daß das Dorf vor Urzeiten von der Familie Mahé gegründet wurde, die sich hier niederließ und stark vermehrte. Anfangs scheinen die Mahés sich nur untereinander verheiratet zu haben, denn Jahrhunderte hindurch gab es in Coqueville nur diese eine Familie. Dann, unter Ludwig XIII., taucht mit einemmal ein Floche auf. Niemand ahnt, woher er kam. Er heiratete eine Mahé, und von diesem Augenblick an vollzog sich etwas Wunderbares: Die Floches wuchsen und gediehen, und zwar in solchem Maße, daß sie die Mahés sozusagen verschlungen. Die Anzahl der Mahés wurde immer geringer, und ihr Vermögen ging in die Hände der neuen Ankömmlinge über. Zweifellos waren die Floches ein kräftiger, zäherer, besser organisierter Stamm, dessen Temperament sich diesem rauhen, stürmischen Seeklima besser anzupassen wußte. Wenigstens ist es Tatsache, daß sie heute ganz Coqueville beherrschen.

Man kann sich vorstellen, daß diese Umwälzung nicht ohne furchtbaren Kampf vor sich ging. Die Mahés und die Floches hassen einander, und dieser Haß zieht sich durch Jahrhunderte hindurch. Trotz ihres Verfalles haben die Mahés sich den Stolz der einstigen Eroberer bewahrt. Sie haben ja das Dorf gegründet, und von ihnen stammen die anderen ab. Sie sprechen mit großer Verachtung von dem ersten Floche. Er war ein Bettler, ein Vagabund, den sie aus Mitleid bei sich aufgenommen haben, und sie werden es sich nie verzeihen, daß sie ihm eine von ihren Töchtern zur Frau gegeben haben. Nach dem, was sie sagen, hat dieser Floche ein Geschlecht von Räubern und Strolchen in die Welt gesetzt, das die Nächte damit zubringt, Kinder zu erzeugen, und die Tage damit, Erbschaften zu erschleichen. Es gibt überhaupt keine Niederträchtigkeit, die sie den allmächtigen Floches nicht anhängen, beseelt von dem bitteren Haß des ruinierten, heruntergekommenen Adels, der die Bourgeoisie im Besitz seiner einstigen Schlösser und Renten sieht. Die Floches dagegen triumphieren natürlich auf die unverschämteste Weise. Der Wohlstand hat sie frech gemacht. Sie mokieren sich über das alte Geschlecht, erklären sie für Hungerleider, die besser täten, ihre Lumpen zusammenzuflicken, als sich damit zu drapieren, und drohen damit, sie aus dem Dorf hinauszuwerfen, wenn sie sich nicht beugen wollen. So ist ganz Coqueville in zwei rabiate Parteien gespalten, einhundertdreißig Einwohner sind fest entschlossen, die übrigen fünfzig aufzufressen, aus dem einfachen Grund, weil sie die Stärkeren sind. Es ist ganz dieselbe Geschichte wie zwischen zwei großen Königreichen.

Unter den Kämpfen, die in letzter Zeit in Coqueville gewütet haben, bildet die berühmte Feindschaft der Brüder Fouasse und Tupain sowie die blutigen Schlachten zwischen dem Ehepaar Rouget das Hauptgespräch. Man muß nämlich wissen, daß in alten Zeiten jeder Einwohner einen Beinamen bekam, der dann allmählich zum Familiennamen wurde. Diese Beinamen hatten wahrscheinlich ursprünglich irgendeine Bedeutung gehabt, mit der Zeit aber jeden vernünftigen Sinn verloren. Warum sich zum Beispiel die Brüder Fouasse und Tupain so nannten, wußte kein Mensch. Die alte Françoise, die jetzt achtzig Jahre alt war und immer noch lebte, hatte Fouasse von einem Mahé empfangen. Als ihr Mann gestorben war, heiratete sie einen Foche und brachte dann später Tupain zur Welt. So kam es, daß die Feindschaft zwischen diesen beiden Brüdern, die sich vor allem um Erbschaftsfragen drehte, den Familienhaß aufs neue entfachte. – Und bei den Rougets prügelte man sich in einem fort. Rouget beschuldigte seine Frau nämlich, daß sie ihn mit einem Floche hinterginge, mit dem langen Brisemotte, einem brünetten Riesen, den er schon zweimal mit dem Messer angefallen und dem er gedroht hatte, er würde ihm den Bauch aufschlitzen. Rouget war ein nervöser kleiner Mann und sehr jähzornig.

Aber etwas anderes erregte die Leute von Coqueville noch mehr als die Zänkereien der Brüder Fouasse und Tupain und der Zorn des Ehemannes Rouget. Es ging nämlich das Gerücht, daß Delphin, ein blutjunger Bursche aus dem Geschlecht der Mahés, es wagte, die schöne Margot zu lieben, die Tochter des Bürgermeisters La Queue. Dieser La Queue war eine hochangesehene Persönlichkeit und der reichste unter den Floches. Ihm gehörte eine der beiden großen Fischerbarken von Coqueville, die »Zephir«, unstreitig die schönste, neueste und seetüchtigste. Der Besitzer der anderen, der »Baleine«, eines halbverfaulten alten Kahns, war Rouget; Delphin und Fouasse waren seine Matrosen, während die Besatzung der »Zephir« aus Tupain und Brisemotte bestand. Und die geizten nicht mit verächtlichen Spöttereien über Rougets Fahrzeug. Sie behaupteten, es sei ein alter Holzschuh, der eines schönen Tages im Meer zerrinnen würde wie eine Hand voll Sand. Und als La Queue erfuhr, daß dieser Lump von Delphin, der Schiffsjunge der »Baleine«, sich erlaubte, nach seiner Tochter zu schielen, verabfolgte er Margot zwei saftige Ohrfeigen, nur um ihr anzudeuten, daß sie niemals daran denken dürfe, einen Mahé zu heiraten. Margot war wütend und erklärte, sie würde die Ohrfeigen an Delphin weitergeben, wenn er sich jemals erlauben sollte, in ihre Nähe zu kommen. Es war denn doch zu dumm, sich für einen Bengel ohrfeigen lassen zu müssen, den man nicht einmal anschaute.

Margot war erst sechzehn Jahre alt, aber kräftig wie ein Mann und schön wie eine Dame. Sie galt für sehr stolz und für sehr kühl den Männern gegenüber. So kann man sich denken, daß das Geschwätz über die zwei Ohrfeigen, über Delphins Frechheit und Margots Zorn gar kein Ende nahm.

Trotzdem behaupteten einige, Margot sei im Grunde gar nicht so böse darüber, daß Delphin ihr nachliefe. Er war ein kleiner blonder Mensch mit krausem, dichtem Haar, das ihm tief über die Stirn in sein gebräuntes Gesicht herabfiel. Trotz seiner schlanken Figur war er sehr kräftig und brachte es fertig, andere Burschen zu verhauen, die dreimal so groß waren wie er selbst. Man erzählte sich, daß er manchmal ausriß und eine Nacht in Grandport zubrachte. Bei den jungen Mädchen galt er infolgedessen als eine Art Werwolf. Sie behaupteten untereinander, er sei ein Lebemann, und sie verbanden mit dieser Bezeichnung die Vorstellung aller möglichen unbekannten Genüsse. Wenn Margot von Delphin sprach, geriet sie jedesmal in großen Zorn. Er dagegen lächelte verschmitzt und betrachtete sie mit seinen kleinen glänzenden Augen, ohne sich auch nur im mindesten um ihre zornige Verachtung zu bekümmern. Er ging oft an ihrem Haus vorbei, verkroch sich ins Gebüsch und beobachtete sie stundenlang mit der Ausdauer und Schlauheit einer Katze, die auf irgendeinen Leckerbissen lauert. Und wenn sie ihn dann plötzlich in ihrer nächsten Nähe entdeckte, so nah, daß er ihre Röcke streifte und sie seinen heißen Atem fühlte, dann entfloh er nicht, sondern machte ein so sanftes und trauriges Gesicht, daß sie ganz verwirrt wurde und sich erst wieder auf ihren Groll besann, wenn er fort war. Wenn ihr Vater sie einmal so sähe, würde er sie sicher wieder ohrfeigen. Das konnte nicht so weitergehen. Aber wenn sie auch hundertmal beteuerte, daß Delphin seine zwei Ohrfeigen noch bekäme – wenn er da war, benutzte sie nie die Gelegenheit, sie ihm zu applizieren. So kam es, daß die Leute schließlich sagten, sie sollte lieber nicht so viel darüber reden, wenn sie die Ohrfeigen zu guter Letzt doch immer für sich behielt.

Bei alledem kam aber niemand auf den Gedanken, daß sie jemals Delphins Frau werden könnte. Man hielt ihr Benehmen eben nur für Koketterie. Eine Ehe zwischen dem zerlumptesten der Mahés – einem Burschen, der als Aussteuer nicht einmal sechs Hemden besaß – und der Tochter des Bürgermeisters, der reichsten Erbin unter den Floches, wäre einfach etwas Ungeheuerliches gewesen. Die bösen Zungen meinten, es wäre ja nicht unmöglich, daß sie sich mit ihm einließe, aber heiraten würde sie ihn gewiß nicht. Ein reiches Mädchen amüsiert sich eben, wenn es Lust hat, aber es macht keine Dummheiten, wenn es nicht gerade auf den Kopf gefallen ist. Kurz, ganz Coqueville interessierte sich für die Sache und war neugierig, wie es wohl weitergehen würde. Ob wohl Delphin seine zwei Ohrfeigen bekommen, oder Margot sich in irgendeiner Felsschlucht küssen lassen würde? Man mußte eben abwarten. Einige stimmten für die Ohrfeigen, andere für die Küsse. Es war große Aufregung darüber in Coqueville.

Im ganzen Dorf gab es nur zwei Personen, die weder zu den Floches noch zu den Mahés gehörten, – der Pfarrer und der Feldhüter. Der Feldhüter war eine lange, hagere Gestalt. Seinen Namen wußte man nicht, aber er wurde allgemein der »Kaiser« genannt, wahrscheinlich, weil er unter Karl X. gedient hatte. In Wirklichkeit übte er keinerlei Aufsicht über die Gemeinde aus, die nur aus Felsen und unfruchtbaren Ebenen bestand. Ein Unterpräfekt, der ihn protegierte, hatte ihm hier eine Art Sinekure geschaffen, wo er in Ruhe von seinem kleinen Gehalt leben konnte. Der Abbé Radiguet war einer von den unbegabten Priestern, die man in irgendein entlegenes Dorf steckt, um sie loszuwerden. Er war mit der Zeit ganz zum Bauern geworden, bebaute seinen kleinen, dem Felsen abgewonnenen Garten und rauchte seine Pfeife. Sein einziger Fehler war seine Leckerhaftigkeit, die in Coqueville schwer zu befriedigen war. Er mußte sich darauf beschränken, für Makrelen zu schwärmen und Cider zu trinken, manchmal mehr als er vertragen konnte. Im übrigen war er sehr beliebt bei seinen Beichtkindern, die manchmal von weit her zur Messe kamen, um ihm eine Freude zu machen.

Aber der Abbé und der Feldhüter hatten schließlich auch Partei ergreifen müssen, nachdem sie lange neutral geblieben waren. Und jetzt hielt der »Kaiser« zu den Mahés, während der Abbé Radiguet die Floches unterstützte. Und daraus ergab sich mancherlei: Da der »Kaiser« nichts zu tun hatte und müde war, die Boote zu zählen, die von Grandport abfuhren, war er auf die Idee gekommen, im Dorf die Polizei zu spielen. Und da er aus einem gewissen Instinkt für die Aufrechterhaltung der sozialen Ordnung die Partei der Mahés ergriffen hatte, gab er Fouasse seinem Bruder Tupain gegenüber recht, suchte Rougets Frau in flagranti mit Brisemotte zu überraschen und drückte ein Auge zu, wenn er Delphin in den Hof des Bürgermeisters schleichen sah. Das schlimmste war, daß seine Handlungsweise ihn mit seinem Vorgesetzten, La Queue, in beständigen Konflikt brachte. Aus Respekt vor der Disziplin nahm er die Vorwürfe des

Bürgermeisters ruhig hin, tat aber gleich darauf wieder, was er wollte, was natürlich zu großer Unordnung in den öffentlichen Angelegenheiten führte. Man konnte niemals an dem »Bürgermeisteramt« bezeichneten Gebäude vorübergehen, ohne Lärm und Streitereien zu hören. Der Abbé Radiguet dagegen, der sich mit den siegreichen Floches verbündet hatte, die ihn mit herrlichen Makrelen überhäuften, unterstützte Rougets Frau im stillen gegen ihren Mann und drohte Margot mit den fürchterlichsten Höllenqualen, wenn sie sich von Delphin auch nur mit den Fingerspitzen anrühren ließe. Es herrschte also völlige Anarchie. Die Armee revoltierte gegen die gesetzliche Gewalt, die Religion steckte mit der genußsüchtigen Bourgeoisie unter einer Decke – ein ganzes Volk von hundertachtzig Köpfen, das sich gegenseitig zu verschlingen drohte, in einem weltentlegenen Dorf zwischen Meer und Himmel.

Nur Delphin ging inmitten dieses allgemeinen Umsturzes lächelnd und verliebt umher. Ihm war alles andere gleichgültig, wenn nur Margot die Seine würde. Dabei dachte er trotz seines leichtsinnigen Wesens sehr vernünftig, er wollte vom Abbé mit ihr getraut werden, damit das Vergnügen niemals aufhörte. Eines Abends, als er ihr auf einem schmalen Fußweg auflauerte, erhob Margot endlich die Hand gegen ihn. Aber dann wurde sie dunkelrot, denn er erfaßte ihre Hand, ohne die Ohrfeige abzuwarten und küßte sie wie wahnsinnig.

Und als er sah, daß sie zitterte, fragte er leise:
»Ich habe dich lieb. Willst du mein sein?«
»Niemals«, rief sie empört.
Er zuckte die Achseln, dann sagte er ruhig und zärtlich:
»Sag doch das nicht ... Wir werden so glücklich miteinander sein. Und du wirst schon sehen, wie schön es ist.«

II

Es war ein Sonntag im September und schauderhaftes Wetter. An der felsigen Küste von Grandport tobte ein furchtbarer Sturm. Gegen Abend sah man von Coqueville aus ein untergehendes Schiff, das mit den Wellen kämpfte. Aber es war schon zu dunkel, um ihm zu Hilfe zu kommen. Die »Zephir« und die »Baleine« lagen seit gestern abend in dem kleinen Hafen verankert, den die Felsen hier auf der linken Seite des Ufers bilden. Weder La Queue noch Rouget hatte sich hinausgetraut. Das schlimmste dabei war, daß Herr Mouchel, der Vertreter der Witwe Dufeu, in höchsteigener Person am Samstag in Coqueville erschienen war und ihnen eine Extrabelohnung versprochen hatte, wenn sie einen ernstlichen Versuch machten. Der Vorrat war ausgegangen, und die Hallen beklagten sich. So ging ganz Coqueville am Sonntagabend sehr verstimmt zu

Bett, während der Regen immer noch strömte. Es war immer dieselbe Geschichte: Wenn das Meer nichts hergeben wollte, kamen die Bestellungen. Und das ganze Dorf sprach von dem Schiff, das man draußen im Sturm gesehen hatte und das jetzt wohl schon auf dem Grund des Meeres ruhte.

Am Montag morgen war der Himmel immer noch düster.

Die See ging hoch und wollte sich immer noch nicht beruhigen, obgleich der Wind nachgelassen hatte. Allmählich hörte er ganz auf, während die Wellen immer noch schäumten und wüteten. Trotz alledem gingen die beiden Barken am Nachmittag hinaus. Gegen vier Uhr kehrte die »Zephir« zurück, sie hatten nichts gefangen. Während die Matrosen Tupain und Brisemotte die Barke im Hafen verankerten, stand La Queue am Strand und ballte die Fäuste gegen das Meer. Und Herr Mouchel, der auf Fische wartete! Halb Coqueville war am Strand, Margot natürlich auch. Sie blickte auf die stürmisch bewegte See hinaus und teilte den Groll ihres Vaters gegen den Himmel und das Meer.

»Wo ist denn die ›Baleine‹?« fragte jemand.

»Dort draußen, hinter der Landspitze«, sagte La Queue, »wenn der alte Kasten heut' heil davonkommt, kann er von Glück sagen.«

Dann äußerte er voller Verachtung, die Mahés täten ganz recht, ihr Leben aufs Spiel zu setzen; wenn man keinen roten Heller hat, kann man ruhig krepieren. Er selbst zöge es vor, Herrn Mouchel im Stich zu lassen.

Margot blickte währenddessen unverwandt auf die Landspitze hin, hinter der die »Baleine« sein sollte.

»Vater«, fragte sie schließlich, »haben sie etwas gefangen?«

»Die«, rief er wütend, »Gott bewahre, absolut nichts.«

Dann, als er den »Kaiser« grinsen sah, fuhr er etwas ruhiger fort:

»Ich weiß nicht, ob sie etwas gefangen haben – da sie überhaupt nie etwas fangen...«

»Wer weiß, vielleicht haben sie gerade heute etwas gefangen«, sagte der »Kaiser«, »so was kann schon vorkommen.«

La Queue wollte eine gereizte Antwort geben, aber der Abbé Radiguet, der in diesem Augenblick erschien, besänftigte ihn. Von der Plattform der Kirche aus hatte er die »Baleine« beobachtet, und es sah so aus, als ob das Boot auf irgend etwas Jagd machte. Diese Nachricht rief allgemeine Aufregung hervor. Unter der Versammlung am Strand waren sowohl die Mahés wie die Floches vertreten; die einen hofften, das Boot möchte irgendeinen wunderbaren Fischzug tun, die anderen beteten förmlich darum, daß es leer zurückkehrte.

Margot stand hochaufgerichtet da und verwandte keinen Blick von der See.

»Da sind sie«, sagte sie dann einfach.

Tatsächlich sah man hinter der Landspitze einen schwarzen Punkt.

Alle blickten hin. Es war fast wie ein Kork, der auf den Wellen tanzte. Der »Kaiser« konnte überhaupt nichts sehen. Man mußte schon aus Coqueville sein, um auf diese Entfernung die »Baleine« und ihre Besatzung zu erkennen.

»Fouasse und Rouget rudern«, sagte Margot, die schärfere Augen hatte als alle anderen... »Der Kleine steht vorne.«

Wenn sie von Delphin sprach, sagte sie immer der »Kleine«, um seinen Namen nicht zu nennen. Und jetzt verfolgte man den Kurs der Barke; man wußte sich die seltsamen Bewegungen nicht zu erklären.

Wie der Abbé schon gesagt hatte: Sie schienen auf der Jagd nach irgendeinem großen Fisch zu sein, der gerade vor ihnen herschwamm. Es war wirklich auffallend. Der »Kaiser« meinte, sie hätten das Netz verloren. Aber La Queue erklärte sie für Taugenichtse, die sich nur amüsieren wollten. Er glaubte nicht, daß sie Robben fingen. Sämtliche Floches freuten sich über diesen Witz, während die Mahés ärgerlich erklärten, Rouget sei trotz alledem ein Hauptkerl, er riskierte seine Haut, während die anderen bei dem bißchen Wind lieber hinter dem Ofen säßen. Wieder mußte der Abbé Radiguet sich ins Mittel legen, denn es fehlte nicht viel mehr an einer regelrechten Rauferei.

»Was haben sie nur?« sagte Margot, »jetzt sind sie wieder umgekehrt.«

Man hörte auf zu streiten, alle Blicke hingen gespannt am Horizont. Die »Baleine« war wieder hinter der Landspitze verschwunden. Diesmal wurde selbst La Queue unruhig. Er konnte sich dieses seltsame Manöver nicht erklären. Der Gedanke, daß Rouget wirklich einen glücklichen Fang machen sollte, brachte ihn außer sich. Alle blieben am Ufer stehen, obgleich man jetzt nichts mehr sehen konnte. So vergingen zwei Stunden, man wartete immer noch auf die Barke, die bald zum Vorschein kam, bald wieder verschwand. Schließlich sah man sie überhaupt nicht mehr. La Queue erklärte, sie müsse gekentert sein. Im Grunde seines Herzens hegte er den abscheulichen Wunsch, daß es wirklich so wäre. Er blickte sich grinsend nach Frau Rouget und Brisemotte um, die in seiner Nähe standen, und klopfte Tupain auf die Schultern, um ihn schon über den Verlust seines Bruders Fouasse zu trösten. Aber dann, als er seine Tochter stumm und starr, die Augen in die Ferne gerichtet, dastehen sah, hörte er auf zu lachen. Am Ende trauerte sie gar um Delphin!

»Was tust du da«, fuhr er sie an, »mach, daß du nach Hause kommst. Nimm dich in acht, Margot.«

Sie rührte sich nicht. Dann sagte sie plötzlich:

»Da sind sie.«

Alle schrien überrascht auf. Margot mit ihren guten Augen schwor darauf, daß niemand mehr in der Barke sei. Weder Fouasse noch Rouget, noch sonst jemand. Die »Baleine« schien herrenlos dahinzutreiben, sie drehte sich bei jedem Windstoß und ließ sich träge von den Wellen schaukeln. Glücklicherweise war der Wind nach Westen umgesprungen und trieb sie aufs Land zu; aber mit seltsamen Sprüngen nach beiden Seiten. Ganz Coqueville strömte jetzt nach dem Strand herab. Einer rief den anderen herbei, nicht einmal die Mädchen blieben zu Hause, um nach der Suppe zu sehen. Es mußte irgendeine unerklärliche Katastrophe vorliegen, und das Geheimnisvolle an der Sache verdrehte den guten Leuten völlig den Kopf. Rougets Frau hielt es nach kurzem Nachdenken für ihre Pflicht, in Tränen auszubrechen. Tupain brachte es mit Mühe und Not fertig, ein betrübtes Gesicht zu machen. Sämtliche Mahés waren außer sich, während die Floches sich Zwang antun mußten, um ihre Freude nicht merken zu lassen. Margot hatte sich niedergesetzt, als ob ihre Beine sie nicht mehr tragen wollten.

»Was fällt dir denn wieder ein?« schrie La Queue, als er das sah.

»Ich bin müde«, anwortete sie.

Dann wandte sie sich wieder nach dem Meer, sie hielt die Hände über die Augen und blickte unverwandt auf die Barke, die sich immer träger auf den Wellen schaukelte, als ob sie betrunken wäre. Immer neue Vermutungen wurden aufgestellt. Vielleicht waren alle drei ins Wasser gefallen? Aber das wäre doch seltsam gewesen – alle drei auf einmal! La Queue wollte ihnen einreden, die »Baleine« sei einfach auseinandergebrochen wie ein faules Ei, – aber sie zuckten die Achseln, die Barke schwamm ja noch. Dann erinnerte er sich daran, daß er Bürgermeister war, – wenn sie wirklich alle drei umgekommen waren – und fing an, von den Formalitäten zu sprechen.

»Lassen Sie das doch«, rief der »Kaiser«. »Auf so dumme Weise kommt man doch nicht um. Wenn sie gekentert wäre, würde der kleine Delphin schon lange hier sein.«

Ganz Coqueville mußte ihm recht geben. Delphin schwamm wie ein Hering. Aber wo konnten die drei Männer denn geblieben sein? Man schrie sich gegenseitig zu: »Ich sage dir, ja!«

»Ich sage dir, nein!« – »Zu blödsinnig!« – »Selbst blödsinnig!« –

Schließlich fing man an, sich zu prügeln. Der Abbé Radiguet sah sich veranlaßt, zum Frieden zu mahnen, während der »Kaiser« mit Rippenstößen die Ordnung wiederherzustellen suchte. Die Barke fuhr inzwischen fort, vor aller Augen weiterzutanzen, und schien sich über die ganze Geschichte lustig zu machen. Die Flut trieb sie immer näher zum Land, sie machte förmlich Verbeugungen gegen den Strand. Nein, wirklich, sie schien einfach verrückt geworden zu sein.

Margot saß immer noch da, das Gesicht auf beide Hände gestützt, und blickte hinaus. Jetzt kam ein Boot aus dem Hafen heraus, um der »Baleine« entgegenzufahren. Es war Brisemotte, den die Ungeduld dazu getrieben hatte. Er schien Rougets Frau Gewißheit verschaffen zu wollen. Von nun an interessierte sich alles für das Boot, und man sprach immer lauter. – Ob er wohl etwas sah? – Die »Baleine« kam immer näher und sah immer verschmitzter und geheimnisvoller aus. Endlich sah man, wie Brisemotte im Boot aufstand und in die Barke hineinschaute, deren Ankertau er glücklich erwischt hatte. Alle hielte den Atem an. Aber dann plötzlich brach er in lautes Gelächter aus. Was war so überraschend? Worüber amüsierte er sich denn? –

»Nun, was gibt's, was ist denn?« rief es von allen Seiten.

Er gab keine Antwort, sondern lachte nur noch mehr. Dann machte er eine Handbewegung, als ob er sagen wollte: Ihr werdet schon sehen. Schließlich befestigte er die »Baleine« an seinem Boot und schleppte sie an Land.

Und nun gab es eine große Überraschung für Coqueville.

In der Barke lagen drei Männer: Rouget, Delphin und Forasse, wohlig ausgestreckt und laut schnarchend – alle drei total betrunken. Zwischen ihnen stand ein kleines Faß mit offenem Spundloch, das sie auf dem Meer gefunden haben mußten. Jedenfalls war der Inhalt gut gewesen, denn sie hatten es ganz ausgetrunken, bis auf etwa einen Liter, der ausgelaufen war und sich auf dem Boden der Barke mit dem Meerwasser vermischt hatte.

»Oh, das Schwein!« rief Frau Rouget brutal und hörte auf zu weinen.

»Na ja, die haben einen hübschen Fang getan«, sagte La Queue mit erheucheltem Abscheu.

»Zum Teufel«, meinte der »Kaiser«, »man fängt, was man kriegen kann. Sie haben wenigstens ein Faß erwischt, während alle anderen gar nichts erwischt haben.«

Der Bürgermeister schwieg und ärgerte sich: Ganz Coqueville stand auf dem Kopf. Jetzt verstand man die ganze Geschichte. Wenn eine Barke besoffen ist, fängt sie an zu tanzen, gerade wie ein Mensch, und die »Baleine« hatte den Bauch voller Likör. So ein Luder! Taumelte da auf dem Ozean umher wie ein Säufer, der seine Haustür nicht finden kann. Und die Leute von Coqueville amüsierten sich oder ärgerten sich, je nachdem; die Mahés fanden es komisch, während die Floches es ekelhaft fanden. Alles umringte die »Baleine« mit langgestrecktem Hals und weit aufgerissenen Augen, um die drei Gauner schlafen zu sehen, die mit selig verklärtem Gesicht dalagen, ohne zu ahnen, daß eine ganze Menschenmenge sie bewunderte. Sie ließen sich weder durch das Lachen noch durch die Schmähungen stören. Rouget hörte nichts davon, daß seine Frau ihn einen Trunkenbold schimpfte. Fouasse ließ sich die heimlichen Fußtritte seines Bruders ruhig gefallen. Und Delphin war wirklich hübsch, wie er so betrunken dalag mit seinen blonden Haaren und seinem rosigen, selig lächelnden Gesicht. Margot war aufgestanden und betrachtete ihn schweigend und streng. »Man muß sie zu Bett bringen«, rief eine Stimme.

In diesem Augenblick schlug Delphin die Augen auf und ließ seinen Blick entzückt über die Menge schweifen. Er wurde von allen Seiten mit Fragen bestürmt. Das verwirrte ihn etwas, denn er war immer noch schwer betrunken.

»Na ja, was denn?« stammelte er, »es ist ein kleines Faß. – Fische gibt's nicht, deshalb haben wir ein kleines Faß gefangen.«

Weiter kam er nicht. Nach jedem Satz sagte er nur: »Es war ausgezeichnet.«

»Was war denn drin, in dem Faß?« fragte man in größter Aufregung.

»Ach, das weiß ich nicht. – – Es war ausgezeichnet.«

Coqueville brannte vor Neugier. Alle schnüffelten an der Barke herum. Das Urteil lautete einstimmig dahin, daß es Likör sei. Nur was für einer, wußte kein Mensch. Der »Kaiser«, der sich rühmte, alles getrunken zu haben, was man überhaupt trinken kann, erklärte, er müsse es sich einmal ansehen. Dann schöpfte er mit der hohlen Hand etwas von der Flüssigkeit, die am Boden der Barke stand. Die ganze Gesellschaft verstummte erwartungsvoll. Aber der »Kaiser« schüttelte den Kopf, nachdem er einen kleinen Schluck genommen hatte, als ob er sich noch nicht darüber aussprechen könne. Er probierte es zweimal und wurde immer unruhiger. Dann erklärte er mit überraschter Stimme: »Ich weiß nicht – es ist wirklich sonderbar, wenn das Meerwasser nicht dazwischen wäre, würde ich es gleich wissen. – Aber auf Ehrenwort – das ist merkwürdig!«

Alle blickten sich an. Sie waren ganz baff, daß selbst der »Kaiser« sich nicht darüber auszusprechen wagte. Ganz Coqueville betrachtete das kleine Faß mit Respekt.

»Es war ausgezeichnet«, sagte Delphin wieder. All die Leute schienen ihm ganz gleichgültig zu sein.

Dann wies er mit einer dramatischen Handbewegung auf das Meer und sagte: »Wenn ihr so was wollt, da ist noch mehr. – Ich habe viele gesehen – kleine Fässer, kleine Fässer, kleine Fässer!«

Er schien sich mit diesem Refrain, den er immer wiederholte, in Schlaf singen zu wollen. Dann blickte er Margot zärtlich an. Er hatte sie eben erst entdeckt. Sie war wütend und erhob die Hand, als ob sie ihn ohrfeigen wollte. Aber er machte nicht einmal die Augen zu, sondern schien voller Ergebung auf die Ohrfeige zu warten.

Auch in dem Abbé Radiguet regte sich jetzt der Feinschmecker. Er tauchte einen Finger in die Flüssigkeit und leckte ihn ab. Dann schüttelte er ebenso wie der »Kaiser« den Kopf: Nein, er wußte nicht, was es war, – merkwürdig, sehr merkwürdig! Nur über eines war man sich einig: Das Faß mußte von dem untergegangenen Schiff stammen, das man am Sonntag abend gesehen hatte. Es kamen oft genug englische Schiffe mit Likören und feinen Weinen nach Grandport.

Allmählich wurde es Abend, und man zog sich zurück. La Queue war nachdenklich geworden, ihn schien irgendein Gedanke zu quälen, den er nicht aussprechen wollte. Er blieb stehen und lauschte auf Delphin, der, während man ihn forttrug, mit einer singenden Stimme wiederholte:

»Kleine Fässer – kleine Fässer – kleine Fässer. – Wenn ihr welche wollt, es sind noch genug da.«

III

Während der Nacht änderte sich das Wetter vollständig. Als Coqueville am nächsten Morgen erwachte, leuchtete die Sonne und das Meer lag ruhig und spiegelblank da wie ein grünes Tuch. Es war ein schöner, milder Herbsttag.

La Queue war der erste im Dorf, der aufstand. Er hatte so unruhige Träume gehabt, daß ihm noch ganz schwindlig war. So stand er lange und blickte nach rechts und links auf das Meer hinaus. Schließlich erklärte er mit verdrießlichem Gesicht, man müsse doch wohl sehen, Herrn Mouchel zufriedenzustellen. Dann machte er sich sofort mit Tupain und Brisemotte auf den Weg. Als die »Zephir« den Hafen verließ und La Queue die »Baleine« erblickte, die ruhig vor Anker lag, wurde er etwas heiterer und rief:

»Glückauf für heute!... Mach das Licht aus, Jeanneton, die Herren sind schlafen gegangen!«

Sowie die »Zephir« auf offener See war, warfen sie die Netze aus. Dann untersuchte La Queue seine Fischreusen. Diese Reusen sind senkrecht gespannte Netze, in denen man besonders Krebse und kleinere Fische fängt. Aber trotzdem sich das Meer so beruhigt hatte, waren sämtliche Reusen leer. Nur in der letzten fand er eine kleine Makrele, die er voller Wut wieder ins Wasser warf. Es war wirklich wie ein Verhängnis, es gab Wochen, wo die Fische sich einfach über Coqueville lustig machten, und regelmäßig gerade dann, wenn Mouchel welche verlangte. Als La Queue eine Stunde später seine Netze wieder einzog, war nur ein Bündel Algen darin. Und nun fing er an, die Fäuste zu ballen und zu fluchen. Er ärgerte sich um so mehr, als der Ozean so heiter und ruhig dalag. Langsam glitt die »Zephir« über die silberklare Fläche dahin. Endlich entschloß sich La Queue zur Heimkehr, nachdem er die Netze noch einmal ausgespannt hatte. Am Nachmittag wollte er wieder nachsehen. Und er bedrohte Gott und alle

Heiligen mit fürchterlichen Lästerungen. Rouget, Fouasse und Delphin schliefen immer noch. Erst zur Frühstückszeit gelang es, sie wieder auf die Beine zu bringen. Sie erinnerten sich an gar nichts mehr, außer daß sie etwas Vorzügliches getrunken hatten, wovon sie selbst nicht wußten, was es war. Am Nachmittag, als sie alle drei am Hafen erschienen, versuchte der »Kaiser« noch einmal, sie auszufragen. Es schmeckte etwa wie Branntwein mit Lakritzensaft, oder wie gebrannter und gezuckerter Rum. Sie sagten bald ja, bald nein. Aus ihren Antworten schloß der »Kaiser«, daß es irgendein Fruchtlikör gewesen sei, aber ganz sicher war er seiner Sache nicht. Rouget und seine Leute fühlten sich heute viel zu angegriffen, um auf den Fischfang zu gehen. Außerdem wußten sie, daß La Queue am Morgen draußen gewesen war und nichts gefangen hatte. So beschlossen sie denn, bis morgen zu warten. Noch halb schlafend saßen alle drei am Strand und blickten auf das Meer hinaus. Aber plötzlich wurde Delphin munter: Er sprang auf einen Stein und rief: »Seht nur – dort draußen!«

»Was denn?« fragte Rouget und reckte sich schläfrig.

»Ein Faß!«

In demselben Augenblick standen Rouget und Fouasse auf den Füßen und spähten mit leuchtenden Blicken aufs Meer hinaus.

»Wo denn, wo ist das Faß?« fragte Rouget tief bewegt.

»Dort – links – der schwarze Punkt.«

Die anderen sahen immer noch nichts. Dann rief Rouget plötzlich: »Donnerwetter ja!«

Er hatte das Faß entdeckt, ein kleiner schwarzer Punkt, etwa von der Größe einer Linse, der in den Strahlen der untergehenden Sonne auf den Wellen schaukelte. Nun stürzte er gleich auf seine Barke zu, Fouasse und Delphin rasten hinterher, daß die Kieselsteine nach alle Seiten stoben.

Als die »Baleine« den Hafen verließ, hatte die Neuigkeit, daß ein Faß in Sicht war, sich schon in ganz Coqueville verbreitet. Sämtliche Frauen und Kinder setzten sich in Trab, und alles schrie:

»Ein Faß! Ein Faß!«

»Seht ihr's? – Es treibt auf Grandport zu.«

»O ja, dort links. – Ein Faß! Geschwind, geschwind!«

Das ganze Dorf strömte herbei, die Kinder kamen im Gänsemarsch angelaufen, während die Frauen mit beiden Händen ihre Röcke aufhoben, um schneller vom Fleck zu kommen.

Margot war auf einen Augenblick erschienen, dann rannte sie, so schnell sie konnte, nach Hause, um ihren Vater zu benachrichtigen, der sich gerade mit dem »Kaiser« über ein Protokoll stritt.

Endlich erschien La Queue auf dem Schauplatz. Er war leichenblaß und sagte zum Feldhüter: »Lassen Sie mich in Ruh... Natürlich hat Rouget Sie zu mir geschickt, um mich aufzuhalten. – Aber diesmal soll er es nicht haben. Sie werden sehen.«

Als er sah, daß die »Baleine« schon einen Vorsprung von dreihundert Metern hatte und so rasch wie möglich auf den kleinen schwarzen Punkt lossteuerte, wurde er immer wütender. Er stieß Tupain und Brisemotte in das Boot und wiederholte, während die »Zephir« den Hafen verließ:

»Nein, sie sollen es nicht haben, und wenn ich krepieren sollte.«

Und nun genoß Coqueville ein großartiges Schauspiel, ein erbittertes Wettrennen zwischen der »Baleine« und der »Zephir«. Als die »Baleine« die »Zephir« abstoßen sah, ahnte sie Gefahr und verdoppelte ihre Geschwindigkeit. Sie war ihr jetzt um etwa vierhundert Meter voraus, aber die Aussichten waren für beide gleich, denn die »Zephir« war bei weitem leichter und schneller. Am Ufer hatte die Aufregung ihren Höhepunkt erreicht. Die Mahés und die Floches hatten sich instinktiv in zwei Gruppen geteilt und verfolgten jedes Stadium des Kampfes mit leidenschaftlicher Spannung. Anfangs war die »Baleine« im Vorteil, aber als die »Zephir« einmal im Zuge war, holte sie sie bald ein. Die »Baleine« strengte sich gewaltig an, und es gelang ihr, noch eine Zeitlang die Entfernung aufrechtzuerhalten. Aber dann kam die »Zephir« wieder auf, und nun bestand kein Zweifel mehr, daß beide gleichzeitig das Faß erreichen würden. Der Sieg hing jetzt nur noch vom Zufall ab, die geringste Ungeschicklichkeit konnte alles verderben.

»Die ›Baleine‹, die ›Baleine‹!« schrien die Mahés. Aber gleich darauf verstummten sie.

Als die »Baleine« das Faß beinahe erreicht hatte, machte die »Zephir« ein geschicktes Manöver, indem sie an der »Baleine« vorüberschoß und das Faß so auf die andere Seite brachte. Dann zog La Queue es mit einem Bootshaken an Bord.

»Die ›Zephir‹, die ›Zephir‹!« brüllten die Floches.

Der »Kaiser« sprach von Verrat, was einen erregten Wortwechsel zur Folge hatte. Margot klatschte in die Hände. Der Abbé Radiguet, der mit seinem Brevier in der Hand erschienen war, machte eine tiefsinnige Bemerkung, die die Ruhe wiederherstellte und allgemeine Bestürzung hervorrief.

»Vielleicht werden sie es auch ganz allein austrinken«, murmelte er mit melancholischem Gesicht.

Draußen auf dem Meer brach zwischen »Zephir« und »Baleine« ein wütender Streit aus. – Rouget hieß La Queue einen Dieb, während dieser ihn für einen ungeschickten Tölpel erklärte. Sie wollten sogar mit den Rudern aufeinander losgehen, und es fehlte nicht viel, so wäre aus dem Streit eine richtige Seeschlacht geworden. Schließlich gaben sie sich dann ein Rendezvous am Lande, indem sie mit geballten Fäusten drohten, einander die Bäuche aufzuschlitzen.

»Die Kanaille«, brummte Rouget. »Wißt ihr, das Faß ist viel größer als das gestern. – Es ist gewiß was Famoses drin.« Dann fügte er verzweifelt hinzu: »Wir wollen jetzt nach den Reusen sehen. Vielleicht sind Krebse drin.« Und langsam steuerte die »Baleine« nach links, auf die Landspitze zu.

La Queue hatte währenddem große Mühe, das Faß vor Tupain und Brisemotte zu retten. Durch den Bootshaken hatte es ein Loch bekommen, aus dem eine rote Flüssigkeit hervorsickerte. Die beiden Männer probierten mit den Fingern und fanden es herrlich. Man hätte doch gleich ein Gläschen trinken können. Aber La Queue wollte nicht. Er verstaute das Faß im Boot und erklärte, wer daran rühre, der hätte es mit ihm zu tun. Nachher am Lande würde man schon sehen.

»Sollen wir denn erst die Fischreusen nachsehen?« fragte Toupain mürrisch.

»Ja, gleich, es hat keine Eile«, antwortete La Queue, der ebenfalls das Fäßchen mit den Blicken liebkoste. Ihm war so schwach zumut, er hatte die größte Lust, gleich heimzukehren und das Ding zu probieren. Die Fische sollten nur warten.

»Bah«, sagte er nach einer Pause, »kehren wir lieber um, es ist schon spät. Wir fahren morgen wieder heraus.«

In diesem Augenblick entdeckte er plötzlich noch ein weiteres Fäßchen, diesmal ein ganz kleines, das aufrecht im Wasser stand und sich wie ein Kreisel rundum drehte. Die Netze und Reusen waren vergessen, es war gar nicht mehr die Rede davon. Die »Zephir« folgte statt dessen dem zweiten Tönnchen, das denn auch mit leichter Mühe an Bord gebracht wurde.

Der »Baleine« war es inzwischen ebenso ergangen. Rouget hatte soeben fünf Reusen visitiert, die aber sämtlich leer waren, als Delphin plötzlich erklärte, er sehe etwas. Aber es sah nicht wie eine Tonne aus, es war zu lang.

»Es ist ein Balken«, meinte Fouasse.

Rouget ließ die sechste Reuse wieder ins Wasser fallen, ohne nachzusehen, ob etwas drin war.

»Wir wollen es uns wenigstens einmal ansehen«, sagte er. Sie hielten es abwechselnd für ein Brett, für eine Kiste oder einen Baumstumpf. Dann stießen sie einen Freudenschrei aus. Es war doch ein Fäßchen, aber ein ganz sonderbares. Sie hatten noch nie so eins gesehen. Es sah aus wie ein Schlauch, der in der Mitte dicker wurde und an beiden Enden durch eine Gipsschicht geschlossen war.

»Ist das ein komisches Ding«, rief Rouget ganz selig. »Das muß aber der ›Kaiser‹ kosten. Rasch nach Hause, Kinder.«

Sie kamen überein, es bis dahin nicht anzurühren. Die »Baleine« langte fast gleichzeitig mit der »Zephir« wieder im Hafen an. Die Neugierigen waren noch sämtlich am Strand versammelt, und der unverhofft reiche Fang wurde mit Freudengeschrei begrüßt. Die Buben warfen ihre Mützen in die Luft, während die Frauen fortstürzten, um Gläser zu holen. Man hatte gleich beschlossen, den Likör an Ort und Stelle zu probieren. Das Strandgut gehörte von Rechts wegen dem Dorf und konnte ihnen nicht streitig gemacht werden. Natürlich bildeten sich wieder zwei Gruppen: die Mahés umringten Rouget, während die Floches La Queue in ihre Mitte nahmen.

»Kaiser, Sie sollen das erste Glas haben«, rief Rouget. »Sie müssen uns sagen, was es ist.«

Der Likör hatte eine schöne goldgelbe Farbe. Der Feldhüter erhob sein Glas, betrachtete es, roch daran und entschloß sich endlich, es zu leeren.

»Das kommt aus Holland«, sagte er nach längerem Stillschweigen. Weiter sprach er sich nicht darüber aus. Die Mahés tranken mit großer Andacht. Es war ein bißchen dickflüssig und hatte einen eigentümlichen Blumenduft an sich. Die Frauen fanden es ausgezeichnet, den Männern war es etwas zu süß. Aber beim dritten oder vierten Glas spürte man doch, daß es ziemlich stark war. Je mehr man trank, desto besser schmeckte es. Die Männer wurden lustig, und die Frauen wurden ganz komisch.

Trotz seiner kürzlichen Zwistigkeiten mit dem Bürgermeister umkreiste der »Kaiser« die Floches.

Das größere Faß von den beiden Fäßchen enthielt einen dunkelroten Likör, während aus dem kleinen eine klare weiße Flüssigkeit zum Vorschein kam. Die weiße war entschieden am stärksten, es brannte förmlich auf der Zunge. Keiner von den Floches wußte, was es war. Und es ärgerte sie, etwas zu trinken, was sie nicht kannten.

»Kommen Sie mal her, Kaiser«, sagte La Queue endlich, um den ersten Schritt zu tun.

Der »Kaiser«, der nur auf diese Einladung wartete, spielte sich wieder als Sachverständiger auf. Von dem roten sagte er:

»Da ist Orange drin.«

Und bei dem weißen erklärte er:

»Das ist Chouette.«

Mit dieser Erklärung mußte man sich begnügen, denn er nickte befriedigt mit dem Kopf, wie jemand, der sich gründlich über eine Sache ausgesprochen hat.

Nur der Abbé Radiguet schien nicht ganz überzeugt. Er wollte ganz genau den Namen wissen, und, um sich darüber klarzuwerden, trank er ein Gläschen nach dem andern, wobei er immer wieder sagte:

»Wartet nur, wartet nur, ich weiß, was es ist, – gleich werde ich es euch sagen!«

Beide Gruppen, die Mahés und die Floches, wurden allmählich immer heiterer. Die Floches machten den meisten Lärm, sie hatten die beiden Liköre zusammengegossen, was den Reiz noch erhöhte. Im übrigen blieben sie streng voneinander getrennt. Keiner bot dem andern von seinem Faß an. Sie warfen sich nur sympathisierende Blicke zu, von dem unausgesprochenen Wunsch erfüllt, einmal bei dem anderen zu probieren, dessen Likör gewiß noch besser war. Die feindlichen Brüder Tupain und Fouasse saßen ganz nahe beieinander, ohne sich die Fäuste zu zeigen. Rouget und seine Frau tranken sogar aus demselben Glas. Margot schenkte bei den Floches ein. Sie goß die Gläser regelmäßig zu voll, und wenn der Likör ihr dann über die Finger lief, leckte sie sie ab. So kam es, daß sie schließlich berauscht wurde, wie die Mädchen bei der Weinlese, obwohl sie dem Befehl ihres Vaters, nicht mitzutrinken, gehorchte. Aber es stand ihr gar nicht schlecht – im Gegenteil. Sie bekam ganz rote Backen, und ihre Augen leuchteten.

Die Sonne ging unter. Der Abend war milde und schön wie im Frühling. Coqueville hatte die drei Fässer ausgetrunken, aber niemand dachte daran, zum Essen nach Hause zu gehen. Man fühlte sich viel zu wohl hier am Strand. Als es dunkel wurde, fühlte Margot, die etwas abseits saß, daß ein heißer Atem ihren Nacken streifte. Es war Delphin. Er kroch auf allen vieren um sie herum wie ein Wolf und war höchst vergnügt. Sie unterdrückte einen Aufschrei, um ihren Vater nicht aufmerksam zu machen, der Delphin wahrscheinlich mit Fußstößen regaliert hätte.

»Mach, daß du fortkommst, du Dummkopf«, flüsterte sie halb ärgerlich, halb lachend – »sonst geht es dir schlecht!«

IV

Als man in Coqueville am nächsten Tag erwachte, stand die Sonne schon hoch am Himmel. Es war noch wärmer geworden, das Meer ruhig und der Himmel klar – einer jener milden Tage, wo es wohltut, zu faulenzen. Es war Mittwoch. Bis zum Frühstück ruhte alles sich von den Genüssen des gestrigen Tages aus. Dann begab man sich an den Strand, um zu sehen, was los wäre.

An diesem Mittwoch vergaß man alles, die Witwe Dufeu, Herrn Mouchel und die Fische. La Queue und Rouget sprachen nicht einmal davon, ihre Fischreusen nachzusehen. Gegen drei Uhr wurde signalisiert, daß wieder vier Fässer in Sicht seien. Die »Zephir« und die »Baleine« machten sich gleich auf die Jagd, aber weil für beide genug da war, stritt man sich diesmal nicht darum. Jeder bekam sein Teil.

Gegen vier Uhr, nachdem sie die ganze Bucht abgesucht hatten, kehrten Rouget und La Queue zurück. Jeder brachte drei Tonnen mit. Und nun begann das Fest. Die Frauen hatten Tische an den Strand hinabgetragen, um es gemütlicher zu machen. Dann schleppte man auch noch Bänke herbei und richtete zwei förmliche Strandcafés ein wie in Grandport. Die Mahés saßen zur Linken, die Floches zur Rechten, nur durch einen Sandhügel voneinander getrennt. Aber diesmal ging der »Kaiser« von einem Tisch zum andern und trug gefüllte Gläser hin und her, damit alle von den sechs Fässern zu kosten bekamen. Gegen neun Uhr war alles noch viel lustiger als am Abend vorher. Und am nächsten Morgen konnte kein Mensch in Coqueville sich besinnen, wie er eigentlich ins Bett gekommen war.

Am Donnerstag fischten die »Zephir« und die »Baleine« nur vier Fäßchen, aber dafür waren es auch besonders große. Am Freitag übertraf die Beute alle Erwartungen, es gab sieben Fäßchen, drei für Rouget und vier für La Queue. Und nun begann das goldene Zeitalter für Coqueville. Gearbeitet wurde überhaupt nicht mehr. Die Fischer tranken sich am Abend voll und schliefen bis Mittag. Dann spazierten sie am Strand und schauten aufs Meer hinaus. Ihre einzige Sorge war, was für Schnäpse das Meer ihnen heute wohl bringen würde. Stundenlang standen sie so da und starrten hinaus. Die Frauen und Kinder standen oben auf den Felsen und signalisierten mit hocherhobenen Armen alles, was sie auf dem Meer treiben sahen, bis auf die kleinsten Algenbündel. Wenn dann etwas in Sicht war, erhob sich ein großes Freudengeschrei. »Zephir« und »Baleine« waren jeden Augenblick zur Abfahrt bereit. Und dann fuhren sie hinaus und fingen Likörfäßchen, wie man Thunfische fängt. Um die Makrelen, die lustig im Sonnenschein sprangen, kümmerten sie sich überhaupt nicht mehr.

Ganz Coqueville stand am Strand, sah zu und wälzte sich vor Lachen. Was Coqueville vor allem begeisterte, war, daß die Fäßchen kein Ende nahmen. Wenn man alle aufgefischt hatte, waren immer noch welche da. Das untergegangene Schiff mußte wirklich eine anständige Ladung an Bord gehabt haben, und das egoistische, vergnügungssüchtige Coqueville machte alle möglichen Witze über das unglückliche Schiff – es müßte der reinste Weinkeller gewesen sein – die Schnäpse hätten ausgereicht, um alle Fische des Ozeans besoffen zu machen. Und dann war es jedesmal wieder etwas anderes, es gab Fäßchen von jeder Form, von jeder Größe und Farbe. Und in jedem war wieder ein anderer Schnaps drin.

Der »Kaiser« ging ganz gedankenvoll umher. Er hatte doch alles, was es gibt, getrunken, aber hier kannte er sich nicht mehr aus. La Queue erklärte, eine solche Ladung hätte er noch nie gesehen. Der Abbé Radiguet glaubte, es sei eine Bestellung von irgendeinem wilden König, der sich einen Weinkeller einrichten wolle. Übrigens gab man es bald auf, sich darüber klarzuwerden, und schwelgte ruhig weiter in nie geahnten Genüssen.

Die Damen zogen die süßen Schnäpse vor, da gab es Crême de Mocca. Crême de Cacao, Pfefferminz und Vanille. Marie Rouget trank einmal so viel Anisette, daß sie krank wurde. Margot und die anderen jungen Mädchen fielen über den Curaçao, Benedictiner und Chartreuse her. Der Johannisbeerschnaps wurde für die kleinen Kinder reserviert. Den Männern war es natürlich lieber, wenn man Cognac, Rum oder Genever fischte. Manchmal gab es auch Überraschungen. So erregte eine Flasche Raki de Chio mit Mastix großes Staunen in Coqueville, man hielt es anfangs für Terpentin. Ausgetrunken wurde es trotzdem, denn man wollte nichts umkommen lassen, aber man sprach noch lange davon. Arrak, schwedischer Punsch und Slibowitz waren ebenfalls etwas, was die Ansichten der Coqueviller über Getränke völlig auf den Kopf stellte.

Im Grunde hatte man eine Schwäche für Kümmel und Kirschwasser. War es denn menschenmöglich, daß es wirklich so viele herrliche Getränke auf der Welt gab? In Coqueville kannte man sonst nur Branntwein, und auch den kannten nicht einmal alle. Die Gemüter wurden allmählich immer erregter, man versank förmlich in Andacht vor dieser unendlichen Mannigfaltigkeit des Rausches. Sich jeden Abend in etwas andrem betrinken, das man nicht einmal dem Namen nach kannte! Es war wie in einem Märchen – ein Zauberbrunnen, der die wunderbarsten, die nach seltsamen Früchten und Blumen duftenden Schnäpse ausspie.

Am Freitag abend lagen sieben Fässer am Strand.

Coqueville lebte jetzt überhaupt ausschließlich am Strand. Das Wetter war herrlich. So schönes Wetter hatte man noch nie im September gehabt.

Das Vergnügen dauerte jetzt schon seit Montag, und es war gar kein Grund vorhanden, warum es nicht ewig dauern sollte, wenn die Vorsehung fortfuhr, ihnen immer neue Fässer zu schicken. Der Abbé Radiguet hatte nämlich erklärt, er erkenne darin das Walten der Vorsehung. Die Arbeit ruhte vollständig, wozu sollte man sich abschinden, wenn einem die gebratenen Tauben in den Mund flogen? Man lebte jetzt ganz wie die reichen Leute und trank die teuersten Liköre, ohne sie bezahlen zu müssen. So stand man mit den Händen in der Tasche am Strand und sonnte sich in Erwartung der allabendlichen Genüsse. Übrigens kamen sie aus dem Rausch gar nicht mehr heraus, auf die heitere Stimmung, die Kirschwasser und Kümmel hervorbrachten, folgte die zornige des Gin, die melancholische des Curaçao und die lachende des Cognacrausches. Harmlos und unwissend, wie neugeborene Kinder, tranken die Coqueviller alles aus, was der liebe Gott ihnen schickte.

Am Freitag kam es soweit, daß die Mahés und Floches Brüderschaft tranken. Es war sehr fidel an dem Abend. Schon gestern hatte die Entfernung sich verringert, einige Schwerbetrunkene hatten den Sandhügel niedergestampft, der die Parteien voneinander trennte. Es bedurfte jetzt nur noch eines

Schrittes der Annäherung. Die Floches hatten ihren Vorrat schon fast ausgetrunken, und auch bei den Mahés gingen die drei Fäßchen zur Neige. Es waren drei Schnäpse in den Farben der französischen Flagge, ein blauer, einer weißer und ein roter. Der blaue erfüllte die Floches mit Neid – ein blauer Schnaps, das mußte etwas ganz Besonderes sein!

La Queue, der sehr jovial geworden war, seit er nicht mehr aus dem Rausch herauskam, ging mit seinem Glas in der Hand auf den anderen Tisch zu. Er fühlte, daß er als Magistratsperson den ersten Schritt machen müsse.

»Höre mal, Rouget«, stammelte er, »willst du mit mir anstoßen?« – »Ja, mit Vergnügen«, antwortete Rouget, der vor Rührung taumelte.

Dann fielen sie sich um den Hals. Alles weinte vor Rührung. Mahés und Floches, die sich seit drei Jahrhunderten fast aufgefressen hatten, umarmten sich. Der Abbé Radiguet war tief bewegt und sprach wieder von Gottes Finger. Dann trank man sich mit den blauen, weißen und roten Schnäpsen zu.

»Frankreich soll leben«, rief der »Kaiser«.

Der blaue taugte nichts, der weiße auch nicht viel, aber der rote war tadellos. Dann fiel man über die Fässer der Floches her. Und schließlich wurde getanzt. Da die Musik fehlte, trommelten einige von den Burschen mit den Händen und pfiffen dazu. Es war ein herrliches Fest. Die sieben Tonnen wurden der Reihe nach aufgestellt, jeder konnte trinken, was ihm am meisten zusagte. Wer genug hatte, legte sich auf den Sand und schlief. Wenn er dann wieder aufwachte, fing er von vorne an. Der Tanzplatz wurde immer weiter ausgedehnt und erstreckte sich allmählich über den ganzen Strand. Bis Mitternacht sprang man so im Freien umher, während das Meer leise rauschte und die Sterne am Himmel strahlten. Es war alles so heiter und friedlich wie im Kindesalter der Erde – wenn irgendein wilder Volksstamm sich zum erstenmal in Branntwein berauscht. Trotzdem ging man schließlich noch schlafen. Als nichts mehr zu trinken da war, schleppten die Mahés und die Floches sich gegenseitig nach Hause, und schließlich kamen denn auch alle, so gut es eben ging, in ihre Betten. Am Samstag dauerte das Fest bis zwei Uhr morgens. Man hatte sechs Tonnen, darunter zwei außerordentlich große, gefischt. Zwischen Tupain und Fouasse kam es beinah zu einer Prügelei. Tupain, der im Rausch leicht wütend wurde, drohte, seinem Bruder den Garaus zu machen. Aber diesmal war alles empört über ihre Uneinigkeit, sowohl die Mahés wie die Floches. Was hatte es denn für einen Sinn zu zanken, wenn das ganze Dorf sich umarmte? Man zwang die beiden Brüder, miteinander anzustoßen. Da sie sich aber immer noch zornig anblickten, versprach der »Kaiser«, sie zu überwachen. Dem Ehepaar Rouget war auch nicht recht zu trauen. Wenn Marie Anisette getrunken hatte, wurde sie so freundlich gegen Brisemotte, daß Rouget es wirklich nicht mit ansehen konnte, um so mehr, da auch er gefühlvoll gestimmt war und geliebt werden wollte. Der Abbé Radiguet hielt eine salbungsvolle Rede, daß man vergeben und vergessen müsse, aber man fürchtete trotzdem, die Sache könnte schiefgehen.

»Bah«, sagte La Queue, »es wird sich schon finden. Wenn wir morgen wieder einen guten Fang machen. - - - - Auf euer Wohl!«

Übrigens ließ auch La Queues Versöhnlichkeit zu wünschen übrig. Er lauerte Delphin auf, sowie er sich Margot nähern wollte, und verfolgte ihn mit Fußtritten. Der »Kaiser« war empört: Weshalb sollte man den jungen Leuten ihr Vergnügen nicht lassen! Aber La Queue schwur immer noch, er würde seine Tochter eher umbringen, als sie dem Kleinen zur Frau geben. Margot selbst wollte ihn übrigens auch nicht.

»Nicht wahr? Du bist zu stolz dazu«, schrie La Queue, »du wirst niemals einen Lumpen heiraten?«

»Nein, niemals, Papa«, antwortete Margot.

Am Samstag trank Margot sehr viel von einem süßen Likör. Er war aber auch so herrlich süß. Ehe sie sich's versah, saß sie am Boden neben der Tonne und lachte selig vor sich hin. Sie war wie im Paradies, sie sah lauter Sterne vor sich und glaubte Tanzmusik zu hören. Diesen Augenblick benutzte Delphin, um sich an sie heranzuschleichen. Er faßte ihre Hand und fragte:

»Sag, Margot, willst du?«

Sie lächelte immer noch, dann sagte sie:

»Aber Papa will ja nicht.«

»Oh, das macht nichts«, meinte der Kleine, »du weißt doch, die Alten wollen überhaupt nie. Es kommt nur darauf an, ob du willst.«

Er wurde immer kühner, schließlich küßte er sie sogar auf den Hals. Sie warf sich hintenüber, es durchrieselte sie warm.

»Hör auf, du kitzelst mich.«

Aber sie sprach nicht mehr davon, ihn zu ohrfeigen. Einmal wäre sie überhaupt nicht dazu imstande gewesen, sie fühlte sich matt und kraftlos. Und dann tat es ihr so wohl, diese leichten Küsse auf den Hals. Es war so süß und berauschend, fast wie der Likör. Das Ende war, daß sie den Kopf hintenüber legte und ihm das Kinn hinhielt wie eine Katze, die gestreichelt werden will.

»Da – « stammelte sie – »da, unter dem Ohr – oh, das ist gut.«

Die beiden hatten La Queue vollständig vergessen. Aber glücklicherweise wachte der »Kaiser« über ihnen. Er machte den Abbé Radiguet aufmerksam und sagte:

»Sehen Sie doch, Abbé, – es wäre besser, wenn man sie heiraten ließe.«

»In bezug auf die Sittlichkeit entschieden«, meinte der Priester salbungsvoll.

Er wollte sich gleich morgen der Sache annehmen

und mit La Queue sprechen. La Queue hatte inzwischen so viel getrunken, daß der Abbé und der Feldhüter ihn nach Hause tragen mußten. Unterwegs suchten sie das Gespräch auf seine Tochter zu bringen, aber sie brachten nichts aus ihm heraus als ein unartikuliertes Grunzen. Margot und Delphin gingen dicht hinter ihnen.

Am nächsten Tag, um vier Uhr, hatten die »Zephir« und die »Baleine« schon sieben Tonnen gefischt. Um sechs fing die »Zephir« noch zwei. Das machte zusammen neun. Und nun begann Coqueville den Sonntag zu feiern. Es war der siebente Tag, an dem sie sich betranken. Und diesmal wurde es ein Fest, wie es noch nie dagewesen ist und nie wieder sein wird.

Fragt die Leute in der südlichen Normandie nur einmal danach – sie werden lachen und sagen: »Ja, ja, das Fest in Coqueville!«

V

Herr Mouchel wunderte sich schon seit Dienstag, daß weder La Queue noch Rouget sich in Grandport blicken ließen. Was zum Teufel mochten die verfluchten Kerls nur vorhaben? Vielleicht wollten sie warten, bis sie eine ganze Ladung Fische und Krebse beisammen hatten. So geduldete er sich noch bis Mittwoch.

Am Mittwoch fing er an, sich zu ärgern. Man muß übrigens wissen, daß mit der Witwe Defeu nicht leicht umzugehen war. Sie wurde sehr leicht unangenehm, und obgleich er ein stattlicher, schöner Mann war, zitterte er vor ihr, um so mehr, als es sein Traum war, sie zu heiraten. Wenn er erst Herr im Hause war, würde er sie dann dafür mit Ohrfeigen traktieren. Am Mittwoch morgen nun tobte die Witwe Dufeu und beklagte sich darüber, daß keine Fische geliefert würden. Der Vorrat war ausgegangen, und sie beschuldigte ihn, daß er den Bauernmädchen nachstelle, anstatt sich um Makrelen und Weißfische zu kümmern, die es jetzt doch massenhaft geben müßte. Herr Mouchel war sehr ärgerlich und entschuldigte sich damit, daß Coqueville nichts von sich sehen und hören ließ. Die Witwe war so erstaunt, daß ihr Zorn sich legte. Was fiel denn Coqueville ein? Noch nie hatte es sich so benommen. Aber dann erklärte sie wieder, Coqueville sei ihr ganz schnuppe, es sei Herrn Mouchels Sache, Ordnung zu schaffen, und sie wüßte schon, was sie zu tun habe, wenn er sich von den Fischern zum Narren halten ließ. Das beunruhigte ihn sehr, er verfluchte La Queue und Rouget. Aber es war ja möglich, daß sie morgen kamen.

Aber auch am nächsten Tag ließ sich keiner von beiden sehen. Herr Mouchel war verzweifelt. Gegen Abend stieg er auf den Felsen, von wo aus man Coqueville mit seinem gelben Strand sehen konnte.

Das Dorf lag friedlich im Sonnenschein da, leichte Rauchwolken stiegen aus den Schornsteinen empor. Die Frauen schienen gerade die Abendsuppe zu kochen. Herr Mouchel konstatierte, daß Coqueville immer noch auf demselben Fleck stand, daß es nicht etwa durch einen herabstürzenden Fels begraben war; und die Sache kam ihm immer unbegreiflicher vor. Als er gerade wieder fortgehen wollte, glaubte er zwei schwarze Punkte in der Bucht zu entdecken. Es waren die »Zephir« und die »Baleine«. Er ging heim und beruhigte die Witwe Dufeu, Coqueville finge Fische.

Die Nacht verging, und nun war es Freitag. Immer noch nichts von Coqueville. Herr Mouchel stieg etwa zehnmal auf seinen Felsen. Er war nahe daran, den Kopf zu verlieren, denn die Witwe behandelte ihn schauderhaft, und er wußte nicht, wie er sich verteidigen sollte. Coqueville lag immer noch dort drüben im Sonnenschein und sonnte sich wie eine faule Eidechse. Aber heute sah er keinen Rauch aufsteigen. Das Dorf schien ausgestorben. Sollte die ganze Bande am Ende gar in ihrer Höhle verreckt sein? Am Strand sah man eine ganze Menge von kleinen schwarzen Punkten, aber das konnten auch Algen sein, die das Meer ausgeworfen hatte.

Am Samstag ganz dieselbe Geschichte. Die Witwe tobte nicht mehr, aber ihre Lippen waren bleich und ihr Blick starr. Herr Mouchel stand zwei Stunden lang auf dem Felsen. Eine unbezwingliche

Neugier regte sich in ihm, er mußte sich persönlich davon überzeugen, was diese seltsame Totenstille bedeutete. Die friedlich schlummernden Hütten machten ihn auf die Dauer nervös. Sein Entschluß stand fest, er wollte am Montag in aller Frühe nach Coqueville gehen, so daß er etwa um neun Uhr morgens dort war.

Nach Coqueville zu gehen war eine ziemlich umständliche Geschichte. Herr Mouchel zog den Landweg vor, damit sie ihn nicht kommen sähen. So fuhr er bis Robigneux mit dem Wagen und ging dann zu Fuß weiter. Er schritt tüchtig aus, denn er hatte noch sieben Kilometer zu machen auf dem schauderhaftesten Weg, den man sich denken kann. Mit dem Wagen wäre es wegen der Felsschluchten zu gefährlich gewesen. Übrigens ist der Weg hier von großer landschaftlicher Schönheit: In zahllosen Biegungen windet er sich zwischen den hohen Felsen hindurch und ist stellenweise so schmal, daß kaum drei Menschen nebeneinander gehen können. Dann wieder geht es an tiefen Abründen vorbei, und zwischen den Felsen sieht man hier und da das unendliche blaue Meer schimmern. Aber Herr Mouchel war nicht sehr aufgelegt, die Naturschönheiten zu bewundern. Er fluchte, wenn die Steine unter seinen Füßen ins Rollen gerieten. Und nur Coqueville war schuld daran! Er schwur, diese elenden Taugenichtse einmal ordentlich auf die Beine zu bringen. Endlich näherte er sich seinem Ziel; als er um die letzte Felsecke bog, sah er die zwanzig Häuser des Dorfes vor sich liegen.

Es schlug gerade neun Uhr. Es war ein herrlicher Morgen mit Sonnenschein und blauem Himmel, fast wie im Juni. Die Luft war warm und klar, und ein frischer würziger Geruch drang vom Meer herüber. Herr Mouchel schlug die einzige Straße des Dorfes ein, die er schon oft gegangen war. Als er an Rougets Haus vorüberkam, trat er hinein. Das Haus war leer. Er ging zu Fouasse, zu Tupain und zu Brisemotte. Keine lebende Seele zu finden, alle Türen standen offen, aber niemand war darin. Was sollte das heißen? Ein leiser Schauer überlief ihn. Dann dachte er an die Autoritäten von Coqueville. Der »Kaiser« würde ihm jedenfalls Bescheid sagen können. Aber das Haus des »Kaisers« war ebenso verödet wie die anderen – selbst der Feldhüter verschwunden! Und jetzt erschrak er wirklich. Er stürzte zum Bürgermeister. Dort erwartete ihn eine neue Überraschung. Der ganze Haushalt war in der schauderhaftesten Unordnung – die Betten seit drei Tagen nicht gemacht, überall stand schmutziges Geschirr herum, und einige umgeworfene Stühle schienen darauf hinzudeuten, daß hier irgendein Kampf stattgefunden hatte. Mouchel war ganz bestürzt und malte sich die schrecklichsten Katastrophen aus. Er suchte jetzt auch noch die Kirche auf. Aber der Pfarrer war ebenso unsichtbar wie der Bürgermeister. Die weltlichen Machthaber und die Geistlichkeit –

alles war verschwunden. Coqueville lag verlassen und schweigend da, nicht einmal ein Hund oder eine Katze ließ sich blicken. Selbst die Hühner waren fort. Nichts regte sich – alles war still und leer, wie in bleiernen Schlaf versunken, und darüber blaute der unendliche Himmel.

Zum Teufel auch, es war wirklich kein Wunder, wenn Coqueville keine Fische lieferte. Coqueville war ausgewandert. Coqueville war ausgestorben. Man mußte die Polizei benachrichtigen. Herr Mouchel war in größter Erregung über diese geheimnisvolle Katastrophe. Dann kam er auf die Idee, an den Strand hinüberzugehen, und nun stieß er plötzlich einen Schrei aus. Vor ihm auf dem Sand lag die ganze Bevölkerung. Er glaubte schon an einen Massenmord. Aber dann vernahm er lautes Schnarchen um sich her. – – – Das Fest am Sonntagabend hatte so lange gedauert, daß die Coqueviller sich außerstande fühlten, nach Hause zurückzukehren. So hatten sie denn am Strand übernachtet, sie waren einfach umgefallen und liegen geblieben; rund um die neun Fässer herum, die bis auf den letzten Tropfen geleert waren.

Ja, ganz Coqueville lag da und schnarchte. Kinder, Frauen, Greise und Männer. Keiner konnte mehr auf den Füßen stehen. Einige lagen auf dem Bauch, andere auf dem Rücken, noch andere hatten sich zusammengerollt, wie die Hunde es zu tun pflegen. Wie man sich bettet, so liegt man. Alles lag bunt durcheinander, wie der heitere Zufall des Rausches es fügte. Einige Männer hatten sich überschlagen und lagen mit dem Kopf nach unten und den Füßen nach oben. Den Frauen waren die Röcke emporgerutscht. Überall herrschte zwanglose Gemütlichkeit, es war wie ein großer Schlafsaal unter freiem Himmel, wie eine friedliche Bürgerfamilie, die es sich bequem macht. Und wenn man sich genieren muß, kann man es sich nicht bequem machen.

Es war gerade Neumond, die guten Coqueviller hatten sich in dem Glauben niedergelegt, ihr Licht ausgeblasen zu haben. Dann war es wieder Tag geworden, und die Sonne brannte auf die Schläfer nieder, die unter ihren versengenden Strahlen nicht einmal mit den Augen zwinkerten. In tiefem Schlaf lagen sie da, mit seligem Gesicht, in der heiteren Unschuld des Rausches. Die Hühner schienen heute früh die Reste aufgepickt zu haben, denn sie lagen jetzt auch betrunken im Sand. Ebenso einige Hunde und Katzen, die die Gläser ausgeleckt hatten und jetzt berauscht alle viere von sich streckten.

Herr Mouchel ging zwischen den Schläfern umher, wobei er sich Mühe gab, niemanden zu treten. Er begriff jetzt den ganzen Sachverhalt, denn man hatte auch in Grandport einige Fässer aufgefischt, die von dem verunglückten englischen Schiff herrührten. Sein Zorn war völlig verraucht. Es war ein rührender und erhebender Anblick, das versöhnte Coqueville, Mahés und Floches, die nebeneinander lagen und schliefen. Tupain und Fouasse schnarchten Hand in Hand, als ob sie sich nie wieder um die Erbschaft streiten könnten. Das Haus Rouget gewährte ein noch anmutigeres Bild. Marie lag zwischen Rouget und Brisemotte, sie schienen damit sagen zu wollen, daß sie von jetzt an alle drei in Glück und Frieden miteinander leben wollten. Aber dann kam eine noch viel rührendere Familienszene: Delphin und Margot, die innig umschlungen dalagen. Sie schliefen Wange an Wange, die Lippen noch zum Kuß gespitzt. Quer vor ihren Füßen lag der »Kaiser«, als ob er sie beschützen wollte. Zu Häupten der Gruppe schnarchte La Queue wie ein Vater, der froh ist, seine Tochter so gut versorgt zu sehen, und der Abbé Radiguet, der ebenso wie die anderen umgefallen war, breitete die Arme aus, als ob er sie segnen wollte. Margot bot dem Geliebten im Schlaf immer noch ihr rosiges Mündchen, wie eine verliebte Katze, die unter dem Kinn gekrault werden möchte.

Das Fest hatte mit der Vermählung der beiden geendet. Und Herr Mouchel selbst heiratete bald darauf die Witwe Dufeu, die er dann gehörig prügelte. Geht nur in die Normandie und fragt die Leute. Sie werden lachen und sagen: »Ja, ja, das Fest in Coqueville!«

Roda Roda

Der Unteroffiziersball in Ototschatz

Feldwebel Pero an seinen Freund:

Lieber Bruder Glischo!

Viele Brieflein habe ich Dir schon von Herzen geschreibet aus dem lustigen Ototschatz, aber bei Gott ist unserm Garnisone ein Unteroffiziersball erblühet, ob Du mich nicht für einen Trottel haltest, das war so: Zu Sylvester haben wir etwas laut getrunken, daß der Soldat mit süßem Gefühl tretet ins neue Jahr, da sagen manche: Bald ist Farsching, möchten wir sich unterhalten, sollen die zwei Ältesten, der Pero und der Dimitar, bein k. k. Regimente bittlich werden, ob wir dürfen. Gut, zogen wir sich Parademonturen an, auch Stiefel. Daß sie glänzen, hatte meine Joka schon in der Frühe Knoblauch gegessen; und wurde gegangen. Unsre Suppenbörtel blitzelten Dir in der Sonne. Es vorführete uns der Herr Hauptmann Mojsije Derwodelia dem hohen Regimentsrapporte. Zuerst kamen wir in ein hübsch schönes Zimmerlein mit Fenstern, sagte der Herr Hauptmann: Söhnchen, wartet! und wenn ihr spukket, nur ins Zwiebackkistel. Warteten wir und spuckten, aber der Herr Hauptmann war darinnen, höreten wir nur murmeln. Kam der Herr Adjutante und rief: Unteroffiziere mit Bitte betreffend des Tanzes links um, marsch! Kamen wir in ein großes schönes Gemach mit Fenstern, auch einem Regal für Dienstgeheimnisse und etwas Teppich. Unser Herr Oberst ist ein herrschsüchtiger aber gütiger Befehlshaber, welchen wir lieben im Sinne des Dienstreglements, I. Teil. Gefraget, was wir wollen, sagte er: Gut, sollet ihr tanzen, jedoch am Samstage, daß alles nüchtern sei zum Dienste, beim Kirchengange schadet es nichts, und krieget das Ballkomitee Brotzubuße, daß es besser lustig sei. Also alles bewilliget zur Freudigkeit, und lief uns noch der Herr Adjutante nach, der Herr Oberleutnant Knezevich, sagend: Schreibet auch mich ins Komitee, jedoch als Ehrenmitglied, ohne einem Beitrage oder höchstens am Ersten. Also am Samstag im Farsching war die große Aufgeregtheit, der Saal war geschmücket mit Markierlöffeln und Bajonetten überkreuz. Da war Dir voll Welt aus ganz Ototschatz. Wir haben sich sehr unterhaltet, war Musik, ein Dudelsack von der dritten Kompagnie, ebenfalls Harmonika, diese spielte die Frau Rechnungsführer Mesich. Der Herr Hauptmann Derwodelia riet uns zum Zeremonielle, daß alles sei bei Gott wie in Wien, und mußten rechts die Menschen warten und links die Weiber Habtacht, bis der Herr Oberst Jozo Gruich Edler von Tornistergrund kommet und seine erlauchte Gemahlin Sofia, geborene Mitrecsich aus Karlstadt. Kaum hineingetretet, erhob sie den Finger und winkete: Pero, winkete sie, komme her und walzere mit mir! jedoch wolle mir nicht mein Kleid beschmutzen, dieses ist bis aus Petrinja. Ich war sehr geehrt und fast wenig besoffen. Das Kleidchen war ziemlich nacket, oben mit feinen Schaffell umbuscht, man sah, es ist kleine Brust vorhanden, nicht wie bei Bauern. Ich schwitzete sehr. Auch hatte ich neue Stiefel aus dem Handmagazin, Größenklasse I, die Frau Oberstin aber tragete Größenklasse VI, von den leichten, und statt Fußlappen feine Strümpfe, darunter schon das Fleisch, und wogete der Busen. Wenn sie das Kleidchen wenig aufhebte, hatte sie unten gestickte Hosen. Der Herr Oberst duftete aus dem Knopfloch und war menschlich, er klopfete meiner Joka hinten auf die Hüften und sprach: »Joka, der Mais ist heuer Gott sei Dank geraten, das spüret man.« Meine Joka war rötlich beschämet und schlug die Augenbrauen hinter sich. Auch war der Herr Regimentskaplan vorhanden und drohete mit dem Finger, wer da zwickte. Um elf hielt die Frau Oberstin Zerkel, mußte alles vor ihr antreten Habtacht und antworten, bis man gefragt wegen Rindvieh und wieviel Kinder. Hierauf reichete der Herr Oberst seiner erlauchten Gemahlin die Arme und sagte noch: Ihr Schweine, daß ihr Euch nicht sehr besaufts. Mit diesen huldvollen Worten schwebeten sie davon. Stewo, dritte Kompagnie, schalmeite ihnen noch Dudelsack zum Tusch nach. Wir unterhalteten sich weiter bis in der Früh. Indem der Herr Oberst gegangen war, tanzte Seine Hochwürden mit meiner Joka und sagte: Pero, du wirst erlauben, daß ich sie in Freundschaft küsse, nur auf die Wange, es ist mehr ein Segen, immer besser, der Mann ist dabei wegen bösen Zungen. Ich erlaubete ihm, wenn nicht *mehr* ist. Wir haben getrinket in Freude Grenzerwein à 8 Kreuzer, fünf Faß, dann Schnaps à 18 Kreuzer, 27 Maß, zahleten alle zusammen, kam 2 fl. 16 auf die Teilnahme. Als ich erwachet, war meine Joka aufräumen die Regimentskanzlei mit Herrn Oberleutnant Knezevich, sagte der Herr Hauptmann: Lasse sie, jedoch wenn sie revertieret, haue sie, sonst tue ich es von der Kompagnie aus, ob etwas war oder nicht, alles eins, wegen guter Sitte. Lieber Bruder Glischo, schön ist in Ototschatz, melde Dich hierher, habe ich genug geschreibet mit Gott als

                Dein lieber
                Pero Wergonja,
            k. k. Feldwebel am Kordone.

Siegfried Lenz

Ball der Wohltäter

Nur deine Unterschrift, sagte Puchta, deine volle, leserliche Unterschrift, dann darfst du dich ausziehen und hinlegen, darfst sogar mit Schuhen ins Bett gehen, und ich werde mich erkenntlich zeigen und dir die Flasche bringen, die ich dir gestern noch vorenthielt. Du fühlst dich nicht in der Lage? Entschuldige, doch es gelingt mir nicht, dies zu glauben: Seinen Namen kann man in jedem Zustand schreiben; der Analphabetismus wurde ja gerade deshalb so vorzüglich bekämpft, damit jeder in der Lage ist, einen Schuldschein zu unterschreiben, und mehr verlange ich nicht von dir, Barbara Bredow, nur diese Bestätigung, daß du mir sechshundert Mark schuldest, den Preis für die Eintrittskarte, die dich berechtigte, auf dem Wohltätigkeitsball zu erscheinen. Und du erinnerst dich doch wohl, wo, und fast möchte ich auch sagen: wem du in der letzten Nacht erschienst, und zwar so wirkungsvoll, daß man schon viel für dich empfinden muß, um dein Erscheinen vergessen zu können. Also unterschreib!

Sehr gut, das ist eine zulässige Frage: Du willst zunächst wissen, warum ich dich nicht vorher unterschreiben ließ, gestern abend schon, als ich dir die Karte brachte, noch vor dem Ball. Zu meinem Bedauern kann ich diesmal nicht unter mehreren Antworten wählen, so wie in besseren Tagen, und darum mußt du mit der dürftigen Wahrheit vorlieb nehmen. Willst du es wirklich wissen? Dann hör mir zu und schau mich an, schau mich an, damit du noch einmal den Mann siehst, der so phantasielos war, auch dann noch auf deinen Namen zu setzen, als alle anderen dich bereits wie eine Art Legende zu Lebzeiten behandelten. Hast du nie bemerkt, wie ungläubig, wie verwirrt und beinahe ärgerlich einige Leute reagierten, als sie erfuhren, daß du immer noch am Leben bist? Natürlich wünschten sie nicht deinen Tod, aber sie hätten jede Erinnerung an deine Legende einer leibhaftigen Begegnung mit dir vorgezogen, und zwar alle: Kessler, Grodeck und der gewaltige Knoop von Knoop & Overbeck. Wahrscheinlich haben sie dir auch deshalb keine Chance mehr gegeben, weil sie nur zu gut wußten, daß es niemandem gelingt, es mit seiner Legende aufzunehmen; ich wußte es nicht, oder mißtraute doch dieser Regel so sehr, daß ich die Karten für den Ball sozusagen blind kaufte wie eine sichere Aktie. Ich hatte erfahren, daß sie alle auf dem Wohltätigkeitsball sein würden, Kessler, Grodeck und Knoop, und ich empfand für die Strafgefangenen von Kiriganda, denen der Erlös des Balls ja zugedacht war, eine unvorhergesehene persönliche Sympathie – einfach weil durch sie eine Chance für dich entstand. (Vielleicht erinnerst du dich, daß Kessler und die andern zuletzt nicht einmal auf deine Briefe antworteten, daß deine Telefongespräche in den Vorzimmern deiner einstigen Freunde ausliefen, obwohl, und ich selbst habe sie gesehen, deine Photographien von ihren Wänden herunterlächelten, und zwar mit der einladenden Traurigkeit, die deine Spezialität war.) Wie meinst du? Ich habe nichts dagegen, wenn du den Kauf der Eintrittskarte eine Kapitalanlage nennst, zumindest erschien mir der Ball als lohnende Investition, und darum suchte ich dich hier in dieser schäbigen Pension auf, wo wir uns auch zum letzten Mal gesehen hatten. Es schien mir ausgeschlossen, daß du inzwischen die Wohnung gewechselt haben könntest; ich kam herein, und bevor ich noch zu dir kam, ging ich in die Küche und kochte Kaffee, schmierte dir Brote, und es stellte sich heraus, daß mein Argwohn recht behielt: du lagst im Bett, lauschtest auf das summende Geräusch des laufenden Plattenspielers, auf dem keine Platte lag. Das sind Vorgeschichten? Warte nur ab und täusche dich nicht: Für die meisten endet das Leben in Vorgeschichten, und es zeigt sich, daß sie vollkommen ausreichen, um uns zu widerlegen.

Jedenfalls hatte ich Mühe, dich auf nüchternen Magen zu überzeugen; erst nachdem du den Kaffee getrunken, alles Brot gegessen hattest, begannst du einzusehen, welch eine Chance dieser Ball bot, der zum Wohl der Strafgefangenen von Kiriganda veranstaltet wurde: Er gab dir Gelegenheit, mit all denen zusammenzukommen, die du immerhin zwei Jahr lang ergebnislos zu erreichen versucht hattest, darunter den gewaltigen Knoop von Knoop & Overbeck.

Erinnerst du dich? Wir haben eines deiner Kleider ausgeliehen von deiner Wirtin (du hattest es ihr als Pfand für nicht bezahlte Miete überlassen), dann hast du dich angezogen, und während du vor dem Spiegel saßest, legte ich eine Platte auf, deine letzte Platte: Weißt du noch, wie du zusammenzucktest, wie du erschrocken die Hände auf die Ohren preßtest? Du hattest Angst, dich selbst zu hören, deiner Stimme zu begegnen, bis ich dich zwang, es zu tun; ich mußte dich rücksichtslos daran erinnern, was auf dem Spiel stand. Diese Rücksichtslosigkeit schien sich zu lohnen, denn nach einer Weile – stell dir vor – sahst du glücklich aus, zum ersten Mal in zwei Jahren; glücklich, das heißt: du ertrugst dich. Das soll nicht wahr sein? Dann mußt du dir abgewöhnen, nur ein Unglück als Wahrheit anzusehen. Immerhin sah ich dich lächeln mit deiner einladenden Traurigkeit (vielleicht war es auch nur eine vorsichtige Imitation deines einstigen Lächelns), und ich war plötzlich zuversichtlich, so fuhren wir nach Bellkamp hinaus. Das ist dir bekannt? Ich langweile dich? Um so besser: Jetzt weiß ich zumindest, daß du mir folgen kannst; außerdem solltest du dankbar sein für jeden Augenblick der Langeweile: die Selbstabnutzung wird nachweislich geringer, sobald wir uns langweilen.

Wir fuhren also hinaus nach Bellkamp, es hatte geregnet, und ein neuer Regen lag in der Luft, wir fuhren an duftlosen Gärten vorbei, und du wünschtest dir ein Leichentuch aus Astern. Ich empfand diesen Wunsch als unangebracht; es erschien mir vorerst wichtiger, über Verhaltensmaßregeln zu sprechen, und soweit ich mich erinnere, habe ich dir die notwendigsten eingebleut. Du versprachst mir, diese Regeln zu beherzigen, versprachst es noch einmal bei der Auffahrt, als die riesigen Polizisten aus dem Säulenschatten traten und uns einwinkten. Weißt du noch, ja? Wir wunderten uns über die Anwesenheit der Polizisten, und als einer seinen Kopf durch das Wagenfenster steckte, glaubtest du, er wolle uns auffordern, den Mund zu öffnen, um unsere Zähne nachzuzählen; doch er dirigierte uns nur zum Not-Parkplatz und salutierte.

Als wir hineingingen dann (unter dem Licht, das aus den angestrahlten Kastanien zurückfiel), bliebst du hinter mir, verbargst dich – aus Furcht, zu viele würden dich schon im Eingang entdecken, wiedererkennen, aber nichts erfolgte, wir marschierten ohne

Aufenthalt in den Saal, in Kiellinie den Gang hinab zu unserem Tisch neben dem festlichen Gummibaum. Eine Kapelle spielte, bemerkenswert temperamentlos, wie du sagtest, und wir vermuteten, daß man den Musikern eine Zulage abgelehnt hatte. Wir bestellten etwas zu trinken und taten, was die anderen taten: gingen mit den Augen auf die Suche, sorgfältig, von einem Tisch zum andern, mit der Bereitschaft zu schnellem Lächeln, doch die bekannten Gesichter waren selten. Wir versuchten die Zahl der Nelken zu schätzen, mit denen der Saal und die Tische geschmückt waren; wir stritten uns leise, einigten uns dann auf die Zahl achttausend. Du hast recht: Wir saßen zuerst wie geborgt da, und das Vernünftigste, was wir hätten tun können, wäre wirklich Trinken gewesen – wenn wir es uns hätten leisten können. Du hieltest es nicht mehr aus?

Hör mir zu, ich werde dir etwas sagen: Es kommt nicht allein darauf an, daß wir auf etwas verzichten, sondern wann wir auf etwas verzichten. Du warst nach einer halben Stunde betrunken, nicht schwerwiegend, aber betrunken, und ich hatte eine Menge zu tun, dich von der Flasche wegzuhalten. Gott sei Dank hatte es bis dahin niemand außer mir bemerkt. Du aber warst nicht mehr ganz fähig, zu bemerken, wie wach, wie aufmerksam und kontrolliert sich die andern verhielten: diese Einleitung zum Wohltätigkeitsball war ein einziges stummes Befragen, stummes Messen und Handeln, es war eine festliche

Börse, auf der jeder unbemerkt einen Kurswert erhielt, gekauft oder abgestoßen wurde. Ich bestellte dir Beefsteak-Tatar und eine Grapefruit, zwang dich, beides zu essen, und während du aßest, erzählte ich dir, was im Saal vor sich ging: man entdeckte einander, man winkte sich zu, zog an andere Tische. Ein Vorhang ging in die Höhe, gab eine Bühne frei, auf der eine Kapelle in golddurchwirkten Boleros saß, junge Leute, die verdrossen auf ihren kinnlosen Meister blickten, der sich für sie verbeugte. Es war das Show-Orchester, das zu spielen begann, als draußen ein strömender Wolkenbruch niederging. Ich bin durchaus deiner Meinung: die goldenen Boleros spielten besser als ihre Kollegen; ihre Leidenschaft schien angemessen bezahlt zu werden, und ihnen ist es auch zu danken, daß allmählich das entstand, was man volkstümlich Stimmung nennt.

Du indes bliebst davon verschont, du fragtest mich sogar – erinnerst du dich noch, ja? – »warum sind wir eigentlich hier, Fred?«, und ich mußte dich flüsternd darüber belehren, daß da, wo sich eine gewisse Gesellschaft trifft, die Spielregeln des Frontgebietes zu empfehlen sind: eingraben, warten, wer zuerst sieht, ist im Vorteil. Die Männer, zu deren Wohl der Ball veranstaltet wurde – die Strafgefangenen von Kiriganda –, hätten es dir bestätigen können. Ich forderte dich auf, dich zu amüsieren, riet dir dringend, Heiterkeit anzulegen – warum? Hast du es immer noch nicht begriffen? Wenn du akzeptiert werden willst, mußt du ihnen zwar immer einen geringen Vorsprung lassen (einen Vorsprung an Heiterkeit oder an offizieller Würde), doch alles kommt nur darauf an, daß du ihnen so erscheinst, wie sie dich haben wollen. Du bist ihr Spiegel, den sie brauchen, um sich selbst zu kontrollieren. Du wolltest nicht tanzen, doch auch dazu zwang ich dich, und weißt du noch, wer es war, der dich aus meinen Armen an seinen Tisch zog? Immerhin Igor Kessler, und ich muß sagen, daß dieser Verlust mir angenehm war, schließlich hatte dein alter Freund Kessler von jeder Platte, die ihr zusammen machtet, über hunderttausend verkauft. Ich konnte euer Gespräch nicht hören, sah nur, daß er dich küßte, ein wenig nachlässig zwar, doch im Sinne alter Freundschaft. Hat er dir gesagt, warum er deine Briefe unbeantwortet ließ; wußte er eine Erklärung dafür, daß er telefonisch nicht für dich zu erreichen war? Er gab dir zu trinken, und er wußte, was er tat: als ich dich holte (endlich; denn ich sah, was sich ankündigte), blicktest du mich wütend voller Weigerung an, ich aber blickte auf ihn, und ich spürte seine Erleichterung, als ich deinen Arm packte – so fest, daß du geschrien hättest, wenn du nicht betrunken gewesen wärst – und dich in unsere Ecke führte. Wie meinst du? Ich war grausam? Vielleicht wirst du eines Tages dahinterkommen, warum wir unsere Grausamkeit zuerst immer die spüren lassen, die uns sehr nahestehen. Du konntest oder wolltest nicht erkennen, daß man sozusagen auch im Dienst da sein kann, wo man sich amüsiert, und dieser Wohltätigkeitsball war ohne Zweifel ein Stück Arbeit, forderte wohlüberlegtes Verhalten.

Erinnere dich nur, welche Veränderungen im Saal vor sich gingen, als ein Redner angekündigt wurde; niemand – außer dem Redner selbst – war darüber erfreut, niemand fühlte sich in der Lage oder hatte Lust, eine halbe Stunde schweigend zuzuhören, und doch gaben sich alle den Anschein, als hätten sie auf diese Rede gewartet, als dünkte sie sie der Höhepunkt des Balls: Gesichter senkten sich, Finger stützten nachdenklich Stirnen, Blicke richteten sich auf die Bügelfalten oder voll dunkler Sympathie auf den Redner. Weißt du noch, wer es war, der mit einem Schnellhefter in der Hand auf die Bühne kletterte? Dein alter Freund Heino Grodeck. Hatte er nicht selbst einmal zu den Insassen von Kiriganda gehört? Ich glaube, er erwähnte es; immerhin, als er dort stand und sprach, war er der Chef der zweitgrößten Schallplattenfirma mit weitverzweigten Verbindungen. Er sprach fließend, sprach deutlich; wer ihm zuhörte, verstand »den Sinn des Balls«, erfuhr, daß das Lager von Kiriganda in einem Birkenwald lag, daß da seit zwölf Jahren ein Kanal gegraben wurde, der die Verbindung zwischen zwei Seesystemen herstellen sollte. Warum jetzt? Warum soll ich nicht weitererzählen? Du brauchst dein Gesicht nicht mit den Kissen zu bedecken. Du verlangtest eine Antwort von mir, und ich möchte dir eine ausführliche Antwort geben.

Während Heino oben auf der Bühne stand und sprach, winktest du ihm zu; ich merkte es zuerst nicht, ich fühlte nur, daß er dich ansah und daß auch andere seinem Blick folgten und dich ansahen, und auf ihren Gesichtern lag alles, was sie in diesem Augenblick von dir hielten. Er konnte dir weder seinen Ärger noch sein Befremden oder gar seine Verachtung zeigen – mußte reden –, doch die andern taten es für ihn, während du nicht aufhörtest, zu winken und seinen Vornamen zu zischen, bis ich deine Hände unter den Tisch zog und sie dort festhielt. Du hast es nicht so gemeint? Mein liebes Kind, bei allem, was wir tun, sollten wir die verschiedenen Möglichkeiten der Auslegung berücksichtigen; niemand ist uns so wohlgesonnen, daß er bereit wäre, sich zu fragen, ob wir etwas anders gemeint haben könnten. Nach seiner Rede kam dein Heino herab, ging an unserem Tisch vorbei ... o ja, er hörte deinen Anruf genau, man hörte ihn an allen Tischen unter der Bühne: wie konntest du dich darüber wundern, daß er nicht zu dir kam? Du selbst hattest ihm keine andere Möglichkeit gelassen, als vorüberzugehen. Das wäre eigentlich der Moment gewesen, um den Ball zu verlassen, doch die Gesetze der Schwerkraft haben etwas Rätselhaftes, und ich weiß auch nicht, warum wir noch blieben. Ich sah ein, daß du jetzt etwas trinken mußtest, zumindest konnte ich nicht allein trinken. Die Bolerojacken mühten sich, die Stimmung wiederherzustellen, die Grodeck mit seiner Rede naturgemäß unterbrochen hatte; ihre Mühe war nicht vergebens, und wir hatten tatsächlich den Eindruck, daß Geben seliger denn Nehmen sei: Wohltätigkeit schaffte Stimmung.

Wir tanzten oft zusammen, und in einer Pause gabst du zwei Autogramme, um eines wurdest du gebeten, das andere schenktest du dem überraschten Kellner. Er hatte dich erkannt? Das ist möglich, er stand ja gewissermaßen in unserem Alter. Ja, und dann kam der Augenblick, wo du wach zu werden schienst, zumindest glaubte ich dein Interesse erkannt zu haben für die beiden Entdeckungen, die Heino Grodeck auf die Bühne vors Mikrofon brachte. Er stellte sie vor. Du hieltest nicht sehr viel von ihrem Gesang, nanntest die beiden Zwitscherobst, und in der Tat: die Mädchen hatten eine geradezu unangenehme Gesundheit. Besonders die Blonde ging mir auf die Nerven, die mit dem starken Gebiß, und ich mußte unwillkürlich an die einladende Traurigkeit denken, mit der du sangst, und ich brauche dir nicht zu sagen, wofür ich mich entschied. Eben, der Beifall, den das Zwitscherobst erhielt, verwirrte mich genauso. Wenn du schwermütig werden willst, brauchst du heute nur eine Leistung mit ihrem Beifall zu vergleichen: welche Aufschlüsse werden dir da zuteil! Ich soll nicht weitererzählen? Dir ist doch alles bekannt, und ich tue nichts anderes, als dir dein Erscheinen auf dem Ball in Erinnerung zu rufen – einfach damit du einsiehst, warum mir an deiner Unterschrift gelegen ist. Es war jedenfalls lange nach dem Auftritt dieser singenden Pfirsiche: du standest plötzlich auf, nicktest mir zu, und ich glaubte, du wolltest zur Toilette. Nicht ohne Sorge sah ich dich den Gang hinabgehen. Ich begann mißtrauisch zu werden, als der kinnlose Bandmaster ans Mikrofon trat und dich ankündigte: »Auf eigenen Wunsch singt für Sie ...« Vielleicht hättest du nicht gesungen, wenn du gesehen hättest, wie ich erschrak, und du kannst sicher sein, daß ich nicht mit dir dorthin gegangen wäre, wenn ich gewußt hätte, daß du singen würdest. Jetzt war es an mir, Furcht zu haben vor der Wiederbegegnung mit deiner Stimme. Du warst betrunken, du wolltest singen, und es gelang dir, ans Mikrofon zu kommen. Weißt du, wie du sangst? Es ist dir gleichgültig, gewiß, aber vielleicht wird es dich doch interessieren, daß deine Vorstellung eine einzige fatale Imitation dieser gesunden Pfirsiche war: Du bewegtest die Hüften wie sie, machtest die gleichen Schritte, legtest den gleichen Truthahntucker in die Stimme – du warst faszinierend unerträglich. Hast du nicht gemerkt, daß niemand, niemand im ganzen Saal klatschte? Du aber ergriffst das Mikrofon, als wolltest du es nie mehr preisgeben, kündigtest einen zweiten Schlager an; ich mußte wegsehen und sah, wie der gewaltige Knoop von Knoop & Overbeck sich erhob und den Saal verließ – wahrscheinlich, um sich zumindest die Erinnerung an deine Legende bewahren zu können. Soll ich dir sagen, an welch ein Symbol es mich denken ließ, als du die Mikrofonstange an deinen Körper preßtest? Gut, dann haben wir uns verstanden. Wer weiß, wie lange du auf der Bühne gestanden und ausgeübt hättest, was du für Gesang hieltest. Jedenfalls solltest du dich nachträglich bei dem kinnlosen Jungen bedanken, denn er verschaffte dir einen sehr guten Abgang: er lud dich zur Pause ein und spendierte dir einen Schnaps. Wie meinst du? Ich zerrte dich ins Auto? Meinetwegen: mein Zerren war in diesem Fall lediglich eine Art gewaltsamer Überredung, und ich bin froh, daß es mir gelang. Ich brachte dich sicher durch den Wolkenbruch nach Hause. Es ist anzunehmen, daß der Wohltätigkeitsball jetzt vorbei ist. Hörst du mir noch zu, oder bist du schon eingeschlafen? Noch nicht? Dann darf ich meine Bitte wiederholen und dich auffordern, diesen Zettel zu unterschreiben: es handelt sich, wie gesagt, um sechshundert Mark; das ist der Preis für die Eintrittskarte. So – danke; und nun wünsche ich dir eine gute Nacht, beziehungsweise einen guten Tag.

Marie Luise Kaschnitz

Silberne Mandeln

Das Programm des feierlichen Tages stand schon seit Wochen in allen Einzelheiten fest. Messe und besonderer Segen für die Silberbrautleute, danach zu Hause die Gratulationen, großes Betrachten der Geschenke, Anbieten von Wermut und Gebäck, wenn alle beisammen sind. Abfahrt in die Campagna auf das Gebirge zu. Mittagessen in Albano, Leute, die jung geheiratet haben, sind auch bei der Silberhochzeit noch nicht alt, haben keine grauen Haare, keine Kreislaufstörungen, die ihnen das gute Essen und Trinken verbieten. Also wird man jetzt Spaghetti alla Bolognese essen, aber vorher noch Antipasto, scharfe rote Wurstscheibchen, Oliven, gesalzenen Lachs. Danach Pollo alla Cacciatore, zerhackte Hühner mit viel scharfem rotem Paprika, Kalbfleisch in Kapernsoße, schließlich Zuppa inglese, diesen Biskuitkuchen, der mit Rum durchtränkt ist wie ein nasser Schwamm, Kaffee und dazu

Silbermandeln, nicht zu vergessen den Wein, verschiedene goldgelbe Castelliweine und Süßweine und Astispumante, und mit dem Kaffee wird man den Wein unschädlich machen, und mit dem Wein den Kaffee. Nach dem Essen, das gewiß einige Stunden in Anspruch nehmen wird, wird man auf der neuen Touristenstraße um den See fahren, auch irgendwo aussteigen und zu Fuß gehen, wenn das Wetter gut ist, aber warum sollte es nicht gut sein im Monat Mai. Einige Schritte auf einem Waldweg, mit den Kindern Ball spielen, ein Kofferradio wird auch mitgenommen, und der Vetter Mauro hat dazu noch ein ganz kleines japanisches, das trägt er in der Hosentasche und erschreckt damit die Leute, ein Bauchsänger, eine wandelnde Musik.

Nach dem Spaziergang wird es zu heiß sein oder zu kalt, jedenfalls wird man noch einmal einkehren, in Marino, vielleicht auch in Castelgandolfo, dem Sommersitz des Papstes, wo sich dann das letzte Vorhaben des Tages abspielen wird und das wichtigste für Concetta, aber gerade weil es das wichtigste ist, hat sie es nicht auf ihr Programm geschrieben und redet davon nichts. Sie hat nur mit ihrem Beichtvater gesprochen, und der Beichtvater hat telefoniert und gesagt, jawohl, das wäre zu machen, sie müsse sich nur pünktlich einfinden, aber warum auch nicht pünktlich, ein Tag ist lang.

Das Essenbestellen und in dieser gewissen Angelegenheit mit dem Beichtvater Verhandeln, das sind nicht die einzigen Vorbereitungen, die Concetta für ihre silberne Hochzeit treffen muß. Alle Geschenke, die sie im Lauf ihres Lebens bekommen hat, die versilberte Vase, die goldenen Kettchen und Armbänder, die schon so oft ins Leihhaus gewandert und wieder ausgelöst worden sind, müssen glänzend poliert, der Strauß aus Wachsblumen, Tulpen und Narzissen muß abgestaubt, die Fliesen müssen mit Schwefelwasser gewaschen werden, schon flattert das durchbrochene und gestickte Tischtuch mit den dazu passenden Servietten frisch gewaschen auf der Dachterrasse im Wind. Der Schmuck, den Concetta an diesem Tage zu tragen gedenkt, darf nicht aus eigenem Besitz stammen, es läge sonst zu wenig auf dem Gabentisch, den die Verwandten und Bekannten bestaunen sollen, silberne Hochzeit ist nicht wie grüne Hochzeit, da zeigt sich, wie man geschätzt wird und was man den andern wert ist und damit sich selbst. Also macht Concetta, sobald sie das Tischtuch und die Servietten zum Trocknen aufgehängt hat, einen Rundgang, eine Rundfahrt vielmehr, jetzt mit der Circolare, jetzt mit dem Autobus, jetzt wieder mit der Elektrischen, jetzt ein Stückchen zu Fuß. Die Damen, bei denen Concetta früher einmal aufgeräumt oder Wäsche gewaschen hat, sind alle zu Hause, was für eine Freude, Concetta, und silberne Hochzeit, und schon wird der Tag in roten und grünen Kalenderchen notiert. Concetta lädt ein, in die Kirche, zum Gratulationsempfang, sie überschlägt in Gedanken die Geschenke, die zu erwarten sind, sie fragt nach den Kindern, den Brüdern, den Schwestern, sie geht noch nicht. Sie kennt die Schmuckkästchen der Damen, feine Lederetuis mit Samteinlage, oder auch nur Seifenschachteln mit rosa Watte, und könnte sie nicht etwas geliehen bekommen, ein Stück nur für ihre Silberhochzeit, hier das Madönnchen im Goldkettchen, hier das glatte Schlänglein mit den Rubinaugen, hier das Armband aus Filigran. Die Damen sind freundlich, sie leihen gerne, warum denn auch nicht. Leb wohl, Concetta, viel Glück, Concetta, und Concetta, die das sorgfältig in Seidenpapier gewickelte Schmuckstück in ihrer tiefen Handtasche hat verschwinden lassen, läuft die Treppe hinunter und dem nächsten Verkehrsmittel zu. In der Innenstadt geht sie noch zu dem Konditor, der Spezialist für Hochzeitsmandeln ist. Die niedlichen Gefäße, in denen das Zuckerwerk an alle Gratulanten verschenkt wird, werden von ihm gleich mitgeliefert, Concetta soll aussuchen und gerät in Verzweiflung, weil sie eines so schön findet, das mit Rokokodämchen bemalt ist, aber sie entscheidet sich am Ende vernünftig für das preiswerte aus dickem übersponnenem Glas. Schließlich sind sie arme Leute, die Druckerei, in der ihr Mann arbeitet, zahlt nicht viel, erst seit der siebzehnjährige Paolino mitverdient, geht es ihnen besser. Erst seitdem haben sie statt des einen Zimmers die Wohnung, in der sich freilich außer den Betten, dem Schrank und der Fernsehtruhe so gut wie nichts befindet, so daß man für den Festtag auch noch Möbel ausleihen muß. Von dem Süßwarengeschäft fährt Concetta direkt nach Hause, wo auf der Treppe schon die Schneiderin wartet, keine richtige natürlich, sondern eine Bekannte, die nähen kann. Die goldbraune Seide zum Festkleid ist ein Geschenk von Concettas letzter Dienstherrin, die aus diesem Grunde, also aus reiner Vornehmheit, von der Liste der Schmuckverleiherinnen gestrichen worden ist. Bice, sagt Concetta, komm herein, ich bin tot, ich ersticke, und reißt sich die Schuhe ab, aus denen ihre Füße quellen, und zerrt sich den Hüftgürtel vom Leib. Sie trinkt ein Glas Wasser, jetzt schon so eine Hitze, und wie soll das noch werden bis zum Donnerstag, und Bice, jetzt will ich es dir zeigen, das große Geschenk. Das große Geschenk hat Concetta selbst gekauft, es liegt hinter Francos Socken im Kleiderschrank, Concetta legt es sich einen Augenblick auf die nackten schwitzenden Schultern, sie steht schon im Unterrock, zur Anprobe bereit. In der Abendsonne, die durch das Fenster in den Spiegel fällt, leuchten die Marderfellchen, und Concetta streichelt mit nassen Fingern das stark nach zoologischem Garten riechende goldene Haar. So heiß muß es ja nicht werden, es kann auch ein Gewitter geben, es kann regnen, einmal hat es im Mai sogar geschneit. Das fehlte noch, sagt Bice, den Mund voller Stecknadeln, und Concetta seufzt und legt den Pelz mit den aneinandergenähten Köpfchen beiseite. Das Wetter läßt sich nicht voraussagen, das Wetter macht Gott.

Gott macht das Wetter, er braut am Silberhochzeitstag einen zünftigen Scirocco, eine Dunstglocke voll zitternder Hitze, aber am Morgen ist das noch nicht zu bemerken, am Morgen geht alles gut. Die Gäste werden um neun Uhr abgeholt, vorher gibt es noch ein langes Verhandeln, drei Taxis mit je acht Insassen, die Polizei will das nicht haben, aber die Strafe ist billiger als ein weiteres Taxi, und wer weiß, vielleicht begegnet man keinem Polizisten, und wer weiß, vielleicht drückt der Polizist ein Auge zu. In der Kirche spielt die Orgel das Ave Maria, Concetta und Franco knien ganz vorne, Franco in seinem guten blauen Anzug und Concetta in der braunen Seide mit Jäckchen, die Marderköpfchen auf dem Rücken, die Fellchen rechts und links auf die Brust fallend, wie die Zöpfe, die sie als Mädchen trug. Die Orgel spielt auch noch den Hochzeitsmarsch aus dem Lohengrin, und währenddem spricht der Geistliche leise und eindringlich auf die von ihm neu Vermählten ein. Concetta hört zu, freundlich und ein wenig geringschätzig, macht sich Sorgen, ob zu Hause der Eismann gekommen ist und ob ihre vierzehnjährige Tochter Nanda nicht wieder unter ihren Kopfschmerzen zu leiden haben wird. Sie denkt auch, das hier ist schön, aber was ich weiß, wird noch schöner, eine Überraschung für alle, wer hat das, wer kann das, ich bin auf den Gedanken gekommen, ich. Daheim ist der Gabentisch aufgebaut und erregt Bewunderung, die Blumen der Gäste werden ins Wasser gestellt, weißer Flieder, denkt Concetta, zweitausend Lire, elf rote Rosen fünfzehnhundert, ein Sträußchen Calendula, schäbig genug. Der Himmel hat sich umzogen, es ist schwül geworden. Die Gäste trinken Wermut mit Sprudelwasser, auch Franco und Concetta trinken und stoßen mit allen an. Der Sohn Paolino ist ein junger Mann, läßt sich unwillig abküssen, die Tochter Nanda verteilt die Glasschälchen mit den Silbermandeln, Concettas Brüder bekommen schon jetzt rote Gesichter und werden laut. Um 11.30 Uhr stehen die drei Taxis wieder vor dem Hause, alle drei sind mit Rundfunkempfängern ausgestattet, in allen dreien hört man dieselbe Musik, Musik zur Mittagsstunde, ein paar Lieder vom Festival in Nizza, die schon bekannt sind und mitgesungen werden, so laut, daß Concetta die Ohren gellen. Auf dem Weg nach Albano, der dadurch abwechslungsreicher gestaltet wird, daß auf Geheiß der Fahrgäste die Chauffeure mitten in dem hektischen Verkehr der Ausfallstraße ein Wettrennen veranstalten, wird zweimal gerastet und in ländlichen Osterien Wein getrunken. Man fährt auf der Via Appia, der Jasmin hinter den Gartenmauern blüht. In einer der Wirtschaften wird photographiert, das Silberpaar allein und mit den Kindern und mit den Verwandten, und Concetta achtet darauf, daß auf der Photographie auch aller Schmuck zu sehen ist, das Madönnchen, die goldene Schlange, die Korallenohrringe und das Armband aus Filigran.

Beim Essen in Albano sitzt man fast drei Stunden. Paolino hält etwas verlegen eine kleine Rede auf seine Eltern, Nanda kichert, Concettas Brüder haben ihre Frauen ausgetauscht und blasen ihnen weinfeuchte Küsse ins Ohr. Wenn ihr wüßtet, denkt Concetta, zwischen Kalbfleisch und süßer Speise, wenn ihr wüßtet, was uns noch erwartet, und trinkt etwas weniger als die andern, ißt aber von allen Gerichten, schwillt rundherum an und kann doch hier den Hüftgürtel nicht ausziehen, nur die Lackschuhe heimlich unter dem Tisch. Gegen vier Uhr drängt sie zum Aufbruch, jetzt soll der Spaziergang gemacht werden, und er wird auch gemacht, hoch über dem unheimlichen Auge des Sees. Die kleinen Neffen und Nichten sollen Ball spielen, wollen aber nicht, erst eine Schafherde reißt sie aus ihrem Verdauungsstumpfsinn, da rennen sie den Schafen nach und sind nicht mehr zu sehen. Die Männer haben sich auf eine Felsplatte gesetzt und spielen Karten, die Vögel im jungen Kastanienlaub singen wie toll. Concetta auf ihren hohen Lackstöckeln muß den Kindern nachlaufen, Nanda hat nun wirklich ihr Kopfweh und macht sich am Bächlein Kompressen, alle andern machen nur Dummheiten, Concetta läuft und läuft, und die kleinen Marderpfoten klopfen ihr auf die Brust. Laß doch, ruft die

Schwägerin, wir haben nichts zu versäumen, aber Concetta weiß, daß sie doch etwas zu versäumen hat. Sie rennt und schreit, kommt ihr kleinen Schätzchen, und schmutzig und außer Atem trotten die kleinen Schätze endlich an ihrer Hand zum Taxi zurück. Was für eine Hitze, sagen die Erwachsenen, die auch einsteigen, was für ein Durst. Auch Concetta hat eine trockene Kehle und große feuchte Flecke unter den Achseln. Jetzt muß man noch den Kuckucksruf zählen, ach, er ruft unermüdlich, kein Ende des Lebens, kein Ende des Glücks. In Marino wird wieder haltgemacht und ausgestiegen und Wein getrunken, und erst dieser Wein steigt Concetta zu Kopf. Sie steht auf und torkelt, alle machen ihre Späße mit ihr. Sie setzt sich wieder hin und weiß nichts mehr, nicht, wie sie alle an diesen langen Tisch in der Laube gekommen sind, nicht, warum sie jetzt singt und mit ihrer Hand mit dem Schlangenring den Takt schlägt, nicht, warum der See vor ihren Augen aufsteigt und wieder zurücksinkt, auf und nieder, und die Kinder werfen silberne Mandeln über den Tisch. Concetta hat das Gefühl, etwas tun zu müssen, etwas sehr Wichtiges, aber sie kann sich an nichts erinnern, sie ist mit einem Mal so müde und spielt mit ihren Zöpfen, Franco, den sie schon als Buben gekannt hat, hat sie ihr einmal fest um den Hals geschlungen, wart nur, jetzt erwürge ich dich. Damals war auch Frühling, rief auch der Kuckuck, meine Zöpfe haben Krallen, kleine scharfe Krallen, und übel ist mir, ich muß mich übergeben, steh auf, Concetta, geh ins Haus. Sie steht nicht auf, die Übelkeit geht vorüber, dafür rollen ihr jetzt die Tränen über die Backen, weil sie plötzlich weiß, was sie noch vorgehabt an dem Tag, das Letzte, das Eigentliche, die Überraschung, aber sie weiß auch, es kann nichts mehr daraus werden, ihre Füße hängen klein und schwach an den mächtig angeschwollenen Beinen und tragen sie nicht. Auch die andern lehnen jetzt über den Tisch mit verquollenen Mondgesichtern, nur ein paar hundert Meter wären es gewesen bis zur Villa, nur hundert Schritte zum Balkon, von dem aus der Heilige Vater heute den Segen erteilte, für ausländische Pilger, gewiß. Aber Concetta hatte eine Sondererlaubnis, der Papst hätte sie gesegnet und Franco und Paolino und Nanda, mit seinem Segen an diesem Tage wären sie hundert Jahre alt geworden und immer gesund geblieben, Paolino und Nanda hätten geheiratet und ungezählte Söhne bekommen. Aber nun wurde es schon dunkel, kein Einlaß mehr in den Hof, und der Segen längst vorbei.

Was hast du, Mammina, fragt Nanda, und die Schwägerinnen rufen, sie weint, man muß ihr Kaffee bestellen, oder willst du ein Eis?

Wir fahren nach Hause, sagt Franco, und schon brechen alle auf, pferchen sich in die Taxis, die weinende Concetta kommt zwischen ihren Mann und ihre Schwägerin Rosa zu sitzen, sie hört nicht auf zu schluchzen, und als die drei Autos sich in Bewegung setzen, fängt sie sogar an zu schreien. Sie hat jetzt furchtbare Visionen von dem, was geschehen wird, von entsetzlichen Krankheiten, denen sie und Franco unter Qualen erliegen werden, Nanda wird geschändet, Paolino auf seiner Vespa von einem Lastauto zermalmt. Die Stadt, von der Atombombe vernichtet, liegt in Trümmern, die in ihrem Kalender abgebildeten Apokalyptischen Reiter galoppieren in den Wolken über die Schutthalden hin.

He, sei still, schreit Franco, er hat die feinen Bräutigamsmanieren abgelegt und fühlt sich wie ein Mann, der mit Männern getrunken hat, erhaben über alle Frauen der Welt. Die Taxis rollen die albanischen Hügel hinunter, man sitzt eng und heiß, streitet und tut bald auch das nicht mehr, die fuchtelnden Hände kommen zur Ruhe, die Köpfe sinken irgendwohin, auf eine schweißnasse Schulter, auf die eigene Brust. So kommt es, daß außer den Fahrern, die an einer Kreuzung plötzlich angehalten werden, von der ganzen Hochzeitsgesellschaft niemand sieht, was da, von Polizistenarmen abgeschirmt, vorübergleitet: Zwei Motorradfahrer mit weißen Helmen, dann eine schwarze Limousine, die ganz mit weißer Seide ausgeschlagen und von innen erleuchtet ist, und darin der ebenfalls weißgekleidete müde alte Mann, der durch die nachtschwarze Campagna nach Rom zurückfährt und der von Zeit zu Zeit seine Hand zum Segen erhebt.

Jules Barbey d'Aurevilly

Don Juans schönste Liebschaft

I

»Also lebt er noch immer, der alte Sünder?« – »Donnerwetter, ja! Und ob er lebt! Und zwar nach Gottes ewigem Ratschluß, Madame!« fügte ich mich verbessernd hinzu, denn mir fiel ein, daß sie fromm sei – und überdies zur Pfarre Sainte-Clotilde gehöre, der Pfarre der Herzöge! – »›Der König ist tot! Es lebe der König!‹ hieß es unter der vormaligen Monarchie, ehe sie zerschlagen wurde, dies Service aus altem Sèvres. Don Juan jedoch ist ungeachtet aller Demokratie ein Fürst, der schwerlich zerschlagen werden wird.«

»Natürlich, der Teufel ist unsterblich!« sagte sie, als sei das eine von ihr selbst aufgestellte Maxime.

»Er hat sogar . . .«

»Wer . . .? Der Teufel . . .?«

»Nein, Don Juan . . . vor drei Tagen in vergnügtester Stimmung zu Abend gespeist ... Raten Sie einmal, wo?«

»Sicherlich doch in Ihrer abscheulichen Maison d'Or?«

»Pfui, pfui, Madame! Dort verkehrt Don Juan nicht mehr ... dort ist für Seine Gnaden nichts mehr zu holen. Der edle Don Juan hat von jeher etwas von dem berühmten Mönch Arnold von Brescia an sich gehabt, der, wie die Chroniken berichten, einzig vom Blut der Seelen lebte. Damit rötete er gern seinen Champagner, und das ist in dem Kokottenlokal längst nicht mehr üblich!«

»Dann hat er wahrscheinlich«, entgegnete sie ironisch, »im Benediktinerkloster gespeist, mit gewissen Damen...«

»... von der Ewigen Anbetung; Sie haben recht, Madame! Denn die Anbetung, die dieser Teufelskerl einmal eingeflößt hat, scheint mir von ewiger Dauer zu sein.«

»Für einen Katholiken reden Sie ziemlich lästerlich einher«, sagte sie gedehnt und ein wenig verschnupft, »und ich bitte Sie, verschonen Sie mich mit Einzelheiten über die Soupers mit Ihren leichten Freundinnen, wenn Sie sich schon vorgenommen haben, mir heute abend etwas von ihnen zu erzählen, indem Sie vorgeben, Sie sprächen von Don Juan.«

»Ich gebe gar nichts vor, Madame. Die leichten Freundinnen des besagten Soupers sind zwar vielleicht leichte, aber nicht meine Freundinnen ... leider, leider nicht ...«

»Nun hören Sie aber auf!«

»Gestatten Sie mir, bescheiden zu sein. Es waren ...«

»Mille e tre ...?« fragte sie neugierig, wie gewandelt, beinahe liebenswürdig.

»Oh, nicht alle auf einmal, Madame ... nur ein Dutzend. Also sozusagen innerhalb der Grenzen des Wohlanständigen ...«

»Und zugleich des Unanständigen«, fügte sie hinzu.

»Übrigens wissen Sie genauso gut wie ich, daß das Boudoir der Gräfin de Chiffrevas nicht eben vielen Gästen Platz bietet. Große Dinge wurden dort vollbracht, aber das Boudoir selbst ist recht klein.«

»Wie?« rief sie erstaunt. »Das Souper hat doch nicht etwa im Boudoir stattgefunden?«

»Doch, Madame, in eben jenem Boudoir. Und warum auch nicht? Auf einem Schlachtfeld speist sich's gut. Dem edlen Don Juan sollte ein ganz besonderes Fest bereitet werden, und so war es seiner würdig, wenn es auf dem Schauplatz seiner Ruhmestaten gegeben wurde, dort, wo Erinnerungen anstelle von Orangen blühen. Eine hübsche Idee, ebenso zärtlich wie melancholisch! Es war nicht der ›Ball der Opfer‹ – es war lediglich ihr Souper.«

»Und Don Juan?« fragte sie, wie Orgon fragt: »Und Tartuffe?«

»Don Juan war kein Spielverderber; er hat vortrefflich soupiert – er ganz allein vor ihnen –, und zwar in der Gestalt eines Herrn, den Sie kennen... und der kein Geringerer ist als der Graf Jules-Amédée-Hector de Ravila de Ravilès.«

»Der? Ja, der ist tatsächlich der leibhaftige Don Juan«, sagte sie. Und obwohl die Betschwester, die Haare auf den Zähnen hatte, längst über das Alter, da man schwärmt, hinaus war, fing sie an, von dem Grafen Jules-Amédée-Hector zu träumen, jenem Manne vom Geschlecht Don Juans, dem alten ewigen Geschlecht der Eroberer und Verführer, dem Gott zwar nicht die Welt geschenkt, dafür aber dem Teufel freigestellt hat, sie ihm zu überlassen.

II

Was ich da der alten Marquise Guy de Ruy erzählt hatte, war die reine Wahrheit. Vor ungefähr drei Tagen waren zwölf Damen aus dem tugendhaften Faubourg Saint-Germain (sie mögen unbesorgt sein; ich werde ihre Namen nicht nennen!), die, alle zwölf, wie die Klatschbasen der guten Gesellschaft einander zuraunten, sämtlich ›auf vertrautem Fuße‹ (so lautet ein reizender, alter Ausdruck) mit dem Grafen Ravila de Ravilès gestanden hatten, auf den sonderbaren Gedanken gekommen, ihn – als einzigen Herrn! – zu einem Souper einzuladen, zur Feier von ... ja, wovon wohl? Das sagten sie nicht. Solch ein Souper war eine gewagte Sache; aber die Frauen sind zwar als Einzelwesen feige, in der Gemeinschaft jedoch kühn. Keine der Veranstalterinnen dieses Damensoupers hätte gewagt, mit dem Grafen Jules-Amédée-Hector daheim im tête-à-tête zu speisen; aber vereint, die eine durch die andere gedeckt und geschützt, hatten sie sich nicht gescheut, die Mesmersche Kette um diesen magnetischen und kompromittierenden Mann, den Grafen Ravila de Ravilès, zu schlingen ...

»Der Name allein schon!«

»Ein vielsagender Name, Madame!« (Er bedeutet etwa ›Nimm von Nimmen‹.) Der Graf Ravila de Ravilès, der, nebenbei gesagt, stets das in seinem Namen enthaltene Gebot befolgt hat, war sicherlich die Verkörperung aller Verführer, von denen in Romanen und in der Historie die Rede ist, und die Marquise Guy de Ruy, eine alte, unzufriedene Lästerzunge mit eiskalten, scharfen blauen Augen, die allerdings nicht so kalt waren wie ihr Herz und nicht so scharf wie ihr Geist, mußte selber zugeben, daß, wenn heutzutage, im Zeitalter der immer mehr schwindenden Bedeutung der Frau, jemand an Don Juan erinnere, daß dann unbedingt er es sei! Nur war er leider, leider ein Don Juan im fünften Akt. Dem Fürsten von Ligne wollte es nie in den geistreichen Kopf, daß selbst Alkibiades einmal fünfzig geworden ist. Auch was das betrifft, war Graf Ravila drauf und dran, die Nachfolge des Alkibiades anzutreten. Wie d'Orsay, der Dandy mit der Figur einer Bronzegestalt des Michelangelo, der Mann, der bis zu seiner letzten Stunde schön gewesen ist, besaß auch Ravila jene besondere Schönheit, wie sie dem Geschlecht Don Juans eigentümlich ist – jenem geheimnisumwitterten Geschlecht, das sich nicht vom Vater auf den Sohn fortpflanzt wie die anderen, sondern dann und wann, in gewissen Zeitabständen, unter der Menschheit sich bemerkbar macht.

Er war wahrhaft schön – frech, freudig, herrisch, mit einem Worte: juanesk; das besagt alles, und eine nähere Kennzeichnung erübrigt sich; und – hatte er einen Pakt mit dem Teufel geschlossen? – er war dieser Schönheit immer teilhaftig... Dennoch kam im Lauf der Zeit Gott auf seine Kosten; die Tigerkrallen des Lebens begannen seine göttliche Stirn zu furchen, die von den Rosen so vieler Lippen gekrönt war, und an seinen breiten, gottlosen Schläfen zeigten sich die ersten grauen Haare, die den bevorstehenden Einbruch der Barbaren und das Ende des Reiches verkünden... Er trug es indessen mit jenem gleichgültigen Stolz, den das Machtgefühl in übersteigerter Form erzwingt; aber die Frauen, die ihn geliebt hatten, betrachteten diese Zeichen bisweilen voller Wehmut. Wer weiß? Vielleicht lasen sie von seiner Stirn die Stunde ab, die auch ihnen einmal schlagen würde? Ach, für sie wie für ihn war das die Stunde des grausigen Gastmahls mit dem kalten

Gouverneur aus weißem Marmor, auf das nichts mehr folgt als die Hölle – die Hölle des Alters, die der eigentlichen vorausgeht! Und eben deshalb, ehe sie mit ihm jenes bittere, allerletzte Gastmahl begingen, hatten sie ihn vielleicht zu dem ihrigen geladen, das sie zu einem Meisterstück gestalteten.

Ja, zu einem Meisterstück des Geschmacks, der Delikatesse, des aristokratischen Luxus, des Erlesenen, der hübschen Einfälle; zum reizendsten, köstlichsten, leckersten, berauschendsten und vor allem: zum originellsten aller Soupers. Wohlverstanden: zum originellsten! Gewöhnlich sind Freude und Vergnügungshunger die Veranlassung zu einem Souper; hier indessen war es die Erinnerung, war es ein tiefes Bedauern, war es beinahe schon Verzweiflung, freilich keine nackte Verzweiflung, sondern eine, die sich unter Lächeln und Lachen verbarg, die noch dieses Fest oder diese letzte Tollheit begehen wollte, diesen Ausbruch in die Gefilde einer wiedergekehrten Jugend, diesen Rausch; und dann sollte es damit aus sein für alle Zeit! ...

Die weiblichen Amphitryone dieses höchst seltsamen Gastmahls, das so wenig den überängstlichen Sitten der Gesellschaft entsprach, der sie angehörten, empfanden dabei sicherlich etwas von dem, was Sardanapal auf seinem Scheiterhaufen empfunden hat, als er seine Frauen, seine Sklavinnen, seine Pferde, seine Kleinodien, alles, was ihm das Leben kostbar und köstlich gemacht hatte, darauf zusammenscharte, damit es mit ihm umkäme. Auch sie scharten bei diesem lodernden Gastmahl alles zusammen, was ihnen das Leben köstlich gemacht hatte. Sie brachten alles mit, was sie an Schönheit, an Geist, an Vermögen, an Schmuck, an Macht besaßen, um es auf einmal bei diesem letzten Emporflammen zu vergeuden.

Der Mann, für den sie sich in diese letzte Flamme hüllten, für den sie sich damit schmückten, bedeutete ihnen mehr als dem Sardanapal ganz Asien. Seinetwegen waren sie kokett, wie niemals Frauen es um eines Mannes, wie niemals Frauen es um eines ganzen Salons willen gewesen sind; und diese Koketterie schürten sie mit der Eifersucht, die man in der Gesellschaft zu verbergen pflegt, die sie indessen keineswegs zu verbergen brauchten, weil sie alle wußten, daß dieser Mann jede von ihnen gehabt hatte, und geteilte Scham ist eben keine Scham mehr... Bei ihnen ging es lediglich darum, welche ihr Epitaph am ehesten in sein Herz eingraben würde.

Er nun aber empfand an diesem Abend die satte, überlegene, lässige, genießerische Wollust eines Nonnen-Beichtvaters oder eines Sultans. Wie ein König, wie der Herr und Meister thronte er auf dem Ehrenplatz, der Gräfin de Chiffrevas gegenüber, in jenem pfirsichfarbenen, sündfarbenen Boudoir, dessen Farbton sich niemals genau hat bestimmen lassen; und die höllenblauen Augen des Grafen de Ravila, die so viele arme Kreaturen für himmelblau gehalten hatten, schweiften über diesen glänzenden Kreis von zwölf mit äußerstem Geschick gekleideten Damen, die an dieser mit Kristall, brennenden Kerzen und Blumen beladenen Tafel alle Nuancen der Reife verkörperten, vom leuchtenden Rot der voll erblühten Rose bis zum matten Gold der bernsteinfarbenen Traube.

Es war unter ihnen keines der zartgrünen, sehr jungen Mädchen, die Lord Byron nicht ausstehen konnte, weil sie nach frisch gebackenen Kuchen duften und in ihren Bewegungen an Küken erinnern; hier herrschten vielmehr glanzvoller Sommer und saftgefüllter, üppiger Herbst, reiche Entfaltung und Fülle; strahlende Brüste von majestätischer Rundung wölbten sich über den Rändern der tief ausgeschnittenen Mieder, und unter den Kameen der nackten Schultern zeigten sich wohlgeformte Arme, vor allem aber mächtige Arme und Muskeln, wie die Sabinerinnen sie gehabt haben, die mit den Römern kämpften, Arme, die sehr wohl fähig waren, in die Radspeichen des Lebenswagens zu greifen, um ihn aufzuhalten.

Ich habe von Einfällen gesprochen. Einer der reizendsten dieses Soupers war es, daß von Kammerzofen serviert wurde, damit es nicht heißen konnte, irgend etwas habe die Harmonie eines Festes gestört, dessen einzige Königinnen die Frauen waren, die es veranstalteten... Der edle Don Juan aus dem

Zweige de Ravila konnte also seine Raubtierblicke in einem Meer von leuchtendem, lebendigem Fleisch baden, wie Rubens es in seinen satten, strotzenden Bildern darstellt; aber auch sein Stolz konnte eintauchen in den mehr oder minder klaren, mehr oder minder trüben Äther aller dieser Herzen. Denn im Grunde, so unglaublich es auch klingen mag, ist Don Juan ein Spiritualist! Er ist es im gleichen Sinne wie der Teufel, dem die Seele lieber ist als der Leib und der seine Pakte dementsprechend abschließt, dieser höllische Sklavenjäger!

Sie waren geistreich und vornehm, diese Frauen, sie waren ganz und gar Faubourg Saint-Germain; aber an diesem Abend waren sie tollkühn wie die Pagen des königlichen Hauses, als es noch ein königliches Haus und Pagen gab; sie ließen ihren Geist funkeln; sie bezeigten einen Schwung, eine Verve und ein Brio, die schlechthin unvergleichlich waren. Sie fühlten sich über sich selbst hinausgewachsen, über alles, was sie an ihren schönsten Abenden gewesen waren. Sie genossen es, wie sich aus ihrem tiefsten Innern eine unbekannte Macht löste, deren sie sich bislang kaum je bewußt gewesen waren.

Das Glücksgefühl dieser Entdeckung, das Bewußtsein dreifach gesteigerter Lebenskraft; des weiteren die physische Beeinflussung, wie sie bei solch sensiblen Wesen so entscheidend ist; der Glanz der Kerzen, der betäubende Geruch all der Blumen, die in der von den schönen, allzu starke Düfte verströmenden Frauen erhitzten Luft welkten, das Aufstachelnde erregender Weine, die Idee dieses Soupers, das just jenen pikanten, sündigen Beigeschmack hatte, den die Neapolitanerin von ihrem Sorbet verlangt, wenn er ihr munden soll, der prickelnde Gedanke der Mitschuld an dem kleinen Verbrechen eines gewagten Soupers, das zwar in der Tat gewagt war, aber nicht in die Vulgaritäten der Soupers der Régence-Zeit ausartete, sondern ein Souper im Stil des Faubourg Saint-Germain und des 19. Jahrhunderts blieb; ein Souper, wo an all den anbetungswürdigen Miedern, unter denen stürmische Herzen pochten, die das Feuer kannten und es nur zu gern noch einmal entfachten, sich keine einzige Nadel löste. All das wirkte zusammen und stimmte die geheimnisvolle Harfe, die jene wunderbaren Wesen in sich trugen; es spannte die Saiten so stark, wie sie gespannt werden konnten, ohne sie zu zerreißen; und so kam es zu sublimen Klängen, zu unaussprechlichen Spannweiten ... Es muß ein seltsames Fest gewesen sein, nicht wahr? Ob wohl Ravila eines Tages diese unerhörte Seite seiner Memoiren zu Papier bringen wird? ... Das ist die Frage; nur er allein vermöchte das ... Wie ich der Marquise Guy de Ruy schon gesagt hatte: ich selbst habe an jenem Souper nicht teilgenommen, und wenn ich dennoch einige Einzelheiten, und die Geschichte, mit der es endete, berichte, so verdanke ich diese Möglichkeit dem Umstand, daß Ravila, getreu der traditionellen und charakteristischen Indiskretion des Geschlechts der Don Juans, sich eines Abends herbeigelassen hat, mir davon zu erzählen.

III

Es war also spät – das heißt: früh! Der Morgen graute. An der Decke und an einer Stelle der geschlossenen rosa Seidenvorhänge des Boudoirs erschien ein runder, opalisierender Fleck, der immer größer wurde, wie ein Auge, das Auge des neugierigen Tages, der auf diese Weise gern nachgeschaut hätte, was in diesem hell erleuchteten Boudoir getrieben wurde. Eine gewisse Mattigkeit schien sich der Ritterinnen dieser Tafelrunde zu bemächtigen, dieser Souper-Veranstalterinnen, die eben noch so angeregt gewesen waren. Bekanntlich stellt sich bei allen Frauen der Augenblick ein, da die Erschöpfung nach dem Erregenden einer gemeinsam durchfeierten Nacht sich auf alles legt, auf Frisuren, die zusammensinken, auf rote oder blasse Wangen, die zu glühen beginnen, auf überdrüssige Blicke umschatteter Augen, die sich kaum noch offenhalten können, und selbst auf die auf langgebrannten Dochten flackernden Flammen der tausend Kandelaberkerzen, dieser Feuersträuße mit den gold- oder bronzegetriebenen Stengeln.

Die allgemeine Unterhaltung, die so lange munter

und eifrig gewesen war, ein Ballspiel, bei dem jeder seinen Schlag getan hatte, war in Bruchstücke zerfallen, in Splitter, und nichts hob sich mehr deutlich ab in dem harmonischen Gewirr aller dieser aristokratisch klingenden Stimmen, die gleichzeitig ertönten und zwitscherten wie Vögel in der Morgendämmerung am Waldsaum... als unvermittelt eine dieser Stimmen – eine Kopfstimme – gebieterisch und beinahe impertinent, wie es sich für die Stimme einer Herzogin geziemt, so daß alle es hörten, zu dem Grafen Ravila die Worte sprach, die zweifellos Ergebnis und Schluß einer Unterhaltung waren, die sie beide mit gesenkten Stimmen geführt hatten und die von keiner der mit der Nachbarin plaudernden Damen vernommen worden war:

»Sie, der Sie für den Don Juan unserer Zeit gelten, sollten uns die Geschichte derjenigen Eroberung erzählen, die Ihrem Stolz als vielgeliebtem Manne am meisten geschmeichelt hat und die Ihnen im Licht dieser Stunde als die schönste Liebschaft Ihres Lebens erscheint...!«

Noch während die Stimme sprach, durchschnitt diese Aufforderung jäh das Geräuschgespinst der schwirrenden Unterhaltung, und unvermittelt trat Stille ein.

Es war die Stimme der Herzogin ***, die gesprochen hatte. Ich möchte die Sternchen-Maske nicht lüften; aber vielleicht erkennen Sie sie, wenn ich Ihnen sage, daß sie die blasseste Blonde, was Gesichtsfarbe und Haar betrifft, mit den schwärzesten Augen unter bernsteinfarbenen Brauen des ganzen Faubourg Saint-Germain ist. – Sie saß, wie eine Auserwählte zur Rechten Gottes, zur Rechten des Grafen de Ravila, des Gottes jenes Festes, der heute seine Feinde nicht zwang, ihm als Fußschemel zu dienen; sie war schlank und zart wie eine Arabeske und wie eine Fee in ihrem grünen Samtkleide mit den silbernen Reflexen, dessen lange Schleppe sich um ihren Stuhl wand, so daß er an den Schlangenschwanz gemahnte, in den der bezaubernde Rücken Melusines auslief.

»Welch herrlicher Gedanke«, sagte die Gräfin de Chiffrevas, als wolle sie in ihrer Eigenschaft als Dame des Hauses Wunsch und Anregung der Herzogin unterstützen; »ja, die Liebe aller Lieben, die Sie erweckt oder empfunden haben und die Sie, wenn das möglich wäre, noch einmal durchleben möchten.«

»Oh, ich möchte alle meine Lieben noch einmal durchleben«, sagte Ravila mit der Unersättlichkeit eines römischen Cäsaren, wie sie den genußmüden Menschen unserer Tage bisweilen eigen ist. Und er erhob ein Champagnerglas – nicht die plumpe, bäurische Schale, wie sie sich heute eingebürgert hat, sondern das schlanke, schmale Glas unserer Vorfahren, das echte Champagnerglas, jenes, das ›Flöte‹ genannt wird, vielleicht der himmlischen Melodien wegen, die es uns so oft ins Herz strömen läßt! –

Dann umarmte er mit seinem Blick all die den Tisch prächtig umkränzenden Damen. – »Und dennoch«, sprach er weiter und stellte sein Glas vor sich hin, mit einer Wehmut, wie sie für diesen Nebukadnezar, der bislang als einziges Grünzeug die Estragon-Salate des Café Anglais verzehrt hatte, erstaunlich war, »und dennoch ist dies die Wahrheit: Unter allen Herzenserlebnissen gibt es eines, das in der Erinnerung stärker nachstrahlt als alle anderen, je weiter das Leben voranschreitet, und um dessentwillen man nur zu gern alle andern hingeben möchte!«

»Der Diamant im Juwelenschrein«, sagte die Gräfin de Chiffrevas verträumt; vielleicht betrachtete sie gerade den Schliff des ihrigen.

»... und jener der Märchen meiner Heimat«, sagte die Fürstin Jable, »die am Fuß des Uralgebirges liegt – der sagenberühmte Wunderdiamant, der anfangs rosenrot ist, dann jedoch schwarz wird, aber dennoch immer ein Diamant bleibt und schwarz noch stärker strahlt als rosa...« Sie sagte das mit dem ihr eigenen seltsamen Zauber, diese Zigeunerin! Denn sie ist wirklich eine Zigeunerin, die der schönste Fürst unter den polnischen Emigranten aus Liebe geheiratet hat und die so prinzessinnenhaft wirkt, als sei sie hinter jagellonischen Bettvorhängen geboren.

Nun brach es aus allen heraus! »Ja!« riefen sie. »Erzählen Sie uns das, Graf!« fügten sie leidenschaftlich und fast schon flehend hinzu, und die

Schauer der Neugier überrieselten ihnen die Hälse bis an die Nase; sie drängten sich aneinander, Schulter an Schulter, die einen stützten die Wange in die Hand und den Ellenbogen auf den Tisch; sie lehnten sich in den Sesseln zurück, die offenen Fächer an den Lippen; und aller Augen blitzten ihn belustigt und inquisitorisch an.

»Wenn Sie es durchaus wollen«, sagte der Graf mit der Lässigkeit eines Mannes, der nur zu gut weiß, daß das Hinauszögern das Verlangen steigert.

»Durchaus«, sagte die Herzogin und betrachtete die goldene Schneide ihres Dessertmessers, wie ein Türkensultan wohl seine Säbelschneide betrachtet haben würde.

»So hören Sie denn«, sagte Ravila, noch immer durchaus gelassen.

Während ihre Blicke an ihm hingen, vergingen sie fast vor brennender Erwartung. Sie tranken, sie verschlangen ihn fast mit den Blicken. Eine Liebesgeschichte vermag Frauen stets zu fesseln. Doch wer weiß? Vielleicht beruhte der Reiz derjenigen, die sie jetzt zu hören bekommen sollten, für jede einzelne unter ihnen gerade in der Erwägung, daß die Geschichte, die Ravila zu erzählen sich anschickte, möglicherweise die ihrige sei ... Sie wußten alle nur zu gut, daß er ein Edelmann war und der ganz großen Welt angehörte, als daß sie nicht sicher gewesen wären, er werde keinen Namen nennen und, wenn die Notwendigkeit sich ergeben sollte, allzuleicht zu durchschauende Einzelheiten verschleiern; und diese Erwägung, diese Gewißheit brachten es mit sich, daß sie nur um so inständiger nach der Geschichte verlangten. Sie alle empfanden mehr als Verlangen: sie hegten Hoffnung.

In ihrer Eitelkeit dünkte jede sich die Rivalin der andern in dieser Erinnerung, die als die schönste Erinnerung im Leben eines Mannes heraufbeschworen werden sollte, der über so schöne und so zahlreiche Erinnerungen verfügen mußte. Noch einmal sollte der alte Sultan das Taschentuch werfen ... das indessen keine Hand aufheben, sondern das diejenige, der es zugeworfen war, lautlos in ihr Herz fallen fühlen würde ...

So geschah es, um dieses Glaubens willen, daß das, was sie nun zu hören bekamen, auf die Lauscherinnen wie ein Blitz aus heiterem Himmel wirkte.

IV

»Ich habe des öftern von Moralisten, die so gern mit dem Leben experimentieren, sagen hören«, begann Graf de Ravila, »daß die stärkste aller unserer Lieben weder die erste noch die letzte sei, wie viele es glauben; sondern vielmehr die zweite. Nun, in Liebesdingen ist alles wahr und alles falsch, und überdies: in bezug auf mich stimmt es nicht ... Was Sie, meine Damen, von mir verlangen, und was ich Ihnen in dieser Nacht erzählen möchte, liegt weit zurück und ist in den schönsten Jahren meiner Jugend geschehen. Genaugenommen war ich nicht mehr das, was man gemeinhin als ›einen jungen Mann‹ bezeichnet, ich war indessen noch jung und hatte, wie ein alter Onkel, ein Malteserritter, zur Kennzeichnung jenes Lebensabschnittes zu sagen pflegte, meine ›Kreuzfahrten‹ hinter mir. Ich stand also in der Blüte meiner Jugendkraft und demgemäß in ›Relationen‹, wie man in Italien so hübsch sagt, zu einer Dame, die Sie alle kennen und die Sie alle bewundert haben...«

Der Blick, den die Damen an dieser Stelle einander zu gleicher Zeit zuwarfen, jede von ihnen allen anderen, indem sie die Worte der alten Schlange in sich tranken, war etwas, das man gesehen haben muß; denn schildern läßt es sich nicht.

»Jene Dame«, fuhr Ravila fort, »war in jeder Beziehung die verkörperte Vornehmheit, im vollsten Sinne dieses Wortes. Sie war jung, reich, Trägerin eines großen Namens, schön, geistvoll, verfügte über beträchtliches künstlerisches Einfühlungsvermögen und war dabei so natürlich, wie man es in Ihrer Welt eben ist, wenn man ihr angehört... Im übrigen hatte sie keinen andern Ehrgeiz, als mir zu gefallen und mir anzugehören, mir eine zärtliche Geliebte und die beste aller Freundinnen zu sein.

Ich glaube nicht, daß ich der erste Mann gewesen

bin, den sie geliebt hat ... Sie hatte bereits einmal geliebt, und zwar nicht ihren Mann; aber das war in allen Ehren gewesen, platonisch, utopisch, und solch eine Liebe übt das Herz mehr, als daß sie es erfüllt; sie stählt seine Kräfte für eine andere Liebe, die jener für gewöhnlich nur zu bald zu folgen pflegt; und jene ›Versuchsliebe‹, die der ›stummen Messe‹ ähnelt, wie angehende Priester sie lesen, um sich die Worte einzuprägen und bei der richtigen Messe, dem Hochamt, keine Fehler zu begehen ... Als ich in ihr Leben trat, war sie noch bei der ›stummen Messe‹. Ich erst sollte für sie das Hochamt werden, das sie dann seither so pomphaft zelebriert hat, wie ein Kardinal ...«

Bei diesen Worten kräuselte ein reizendes Lächeln die zwölf köstlichen, begierig lauschenden Lippenpaare wie Wellenringe die durchsichtige Oberfläche eines Sees ... Es ging schnell vorüber, aber es war hinreißend!

»Sie war in der Tat ein Wesen ganz besonderer Art!« fuhr der Graf fort. »Selten habe ich bei einer Frau mehr wahre Güte, mehr Mitgefühl und tiefere Empfindung erlebt, selbst in der Leidenschaft, die, wie Sie ja wissen, nicht immer gut ist ... Auch habe ich niemals weniger Ziererei, weniger Prüderie und Koketterie erlebt, diese beiden Eigenschaften, die in Frauenseelen nur zu oft so miteinander verschlungen sind wie die Fäden eines Knäuels, an dem die Krallen einer Katze gezerrt haben ... Es war nicht das mindeste Katzenhafte an ihr ... Sie war das, was die verfluchten Romanfabrikanten, die uns mit ihrer gespreizten Ausdrucksweise vergiften, als eine primitive, aber mit den Reizen der Zivilisation geschmückte Natur bezeichnen würden; doch davon besaß sie lediglich das reizend Luxuriöse und keine einzige der kleinen Verderbtheiten, die uns noch reizender erscheinen als eben jenes Luxuriöse ...«

»War sie brünett?« unterbrach ihn unvermittelt, als setzte sie ihm die Pistole auf die Brust, die Herzogin, die so viel Metaphysik längst langweilte.

»Ah! Ich bin Ihnen nicht deutlich genug?« fragte Ravila mit einem Anflug von Spott. »Ja, sie war brünett, das heißt: ihr Haar war schwarzbraun bis tiefschwarz wie spiegelndes Ebenholz; nie wieder habe ich dergleichen sich wollüstig über einem Frauenkopf wölben sehen; doch ihre Gesichtsfarbe war die einer Blonden – und es kommt auf die Gesichtsfarbe und nicht auf die des Haares an, wenn man entscheiden will, ob eine Frau dunkel oder blond sei«, fügte der große Beobachter hinzu, der die Frauen nicht nur studiert hatte, um ihre Bildnisse zu entwerfen. – »Sie war eine Blonde mit schwarzem Haar.«

Alle Blonden der Tafelrunde, die es nur dem Haar nach waren, durchschauerte eine kaum wahrnehmbare Bewegung. Es war offenbar, daß für sie die Geschichte bereits an Interesse verlor.

»Sie hatte nachtfarbenes Haar«, begann Ravila aufs neue; »aber ein Antlitz wie das Morgenrot;

denn auf ihrem Gesicht strahlte jene rosige, blendende und seltene Frische, die dem nächtlichen Pariser Leben, das diese Frau nun schon seit Jahren führte, und das so viele Rosen mittels seiner Kerzenflammen versengt, widerstanden hatte. Im Gegenteil: es war, als hätten ihre Rosen sich daran entzündet, so leuchtete das Karmin ihrer Wangen und ihrer Lippen! Übrigens paßte dieser Doppelschimmer vortrefflich zu dem Rubin, den sie für gewöhnlich auf der Stirn trug; denn zu jener Zeit trug man sich nach dem Vorbild von Villons ›Helmschmiedin‹, und so schloß sich denn jener Rubin mit ihren lodernden Augen, deren Flamme ihre Farbe nicht erkennen ließ, in ihrem Gesicht zusammen zu einem Rubin-Dreieck! Sie war schlank, jedoch kräftig, selbst majestätisch, von einem Wuchs mithin, daß sie die Frau eines Kürassier-Obersten hätte sein können – ihr Mann war damals lediglich Eskadronchef in einem Husarenregiment; und obwohl sie vom Scheitel bis zur Sohle eine große Dame war, besaß sie die Gesundheit eines Bauernmädchens, das die Sonne durch die Haut in sich trinkt, und sie hatte die Glut getrunkener Sonnenwärme in sich, und zwar im gleichen Maße in der Seele und in den Adern, überall und stets bereit ... Aber hier setzte das Sonderbare ein! Dieses kraftvolle, ursprüngliche Geschöpf, diese Bronzenatur, die so rein war wie das Blut, das ihre schönen Wangen durchströmte und ihr die

Arme rosa färbte, war ... ob Sie es wohl glauben? in der Liebe eine Stümperin ...«

Hier senkten sich ein paar Augen, um sogleich wieder maliziös aufzublicken ...

»Eine Stümperin in der Liebe, wie sie unbedacht im Leben war«, fuhr Ravila fort, ohne sich auf nähere Erklärungen einzulassen ... »Der Mann, den sie liebte, mußte sie unaufhörlich zweierlei lehren, ohne daß sie es übrigens jemals ganz begriffen hätte ... nämlich gegenüber der stets bewaffneten und stets unerbittlichen Welt auf der Hut zu sein und im vertrauten Miteinander die große Kunst der Liebe zu üben, die die Liebe am Absterben hindert. Dabei war in ihr Liebe; aber von der Liebeskunst verstand sie nichts ... Sie war das Gegenteil so vieler Frauen, die nichts kennen als die Liebeskunst! Um nun aber die Politik des ›Principe‹ zu begreifen, muß man schon ein Borgia sein. Borgia war eher da als Machiavelli. Der eine ist der Dichter; der andere der Kritiker. Sie nun aber war alles andere als eine Borgia. Sie war eine anständige Frau, die, trotz ihrer großen Schönheit, nur wie ein kleines Mädchen auf der Türschwelle liebte, das, wenn es Durst hat, mit der bloßen Hand Wasser aus dem Brunnen schöpft, sich verschluckt und alles durch die Finger laufen läßt, worauf es verdutzt dasteht ...

Übrigens war der Gegensatz zwischen der Verwirrung und Unbeholfenheit und der Leidenschaft der großen Dame beinahe hübsch. Wenn man sie in der

Welt sah, hätte sie viele Beobachter täuschen können; in ihr war eine Fülle der Liebe, selbst des Glücks; aber sie besaß nicht die Fähigkeit, beides so zu erwidern, wie es ihr gegeben wurde. Leider war ich damals noch nicht zur Genüge der nachsinnenden Betrachtung zugeneigt, um mich mit diesem ›Künstlerisch-Schönen‹ zu begnügen; und eben das ist der Grund, weswegen sie an manchen Tagen unruhig, eifersüchtig und heftig war – ganz so, wie man ist, wenn man liebt; und sie liebte ja! Aber Eifersucht, Unruhe, Heftigkeit – all das erstarb in der unerschöpflichen Güte ihres Herzens beim ersten Schmerz, den sie zufügen wollte oder zuzufügen glaubte, sie war ungeschickt im Verwunden wie im Zärtlichsein! Sie war wie ein Löwin unbekannter Gattung, die da meint, Klauen zu haben, und die, wenn sie sie brauchen will, erkennt, daß sie nichts als unbewaffnete Samtpfötchen hat. Sie versuchte mit Samt zu kratzen!«

»Worauf mag er nur hinauswollen?« fragte die Gräfin de Chiffrevas ihre Nachbarin. »Denn dies kann doch unmöglich Don Juans schönste Liebschaft sein!«

Sie waren alle so kompliziert, daß sie an eine solche Schlichtheit nicht zu glauben vermochten!

»So lebten wir denn also«, sagte Ravila, »in einer Vertraulichkeit, in der es zwar bisweilen Gewitterstürme gab, die sich indessen nie voll entluden, und jene Gemeinschaft war in dieser Provinzstadt mit dem schönen Namen Paris für niemanden ein Geheimnis... Die Marquise... sie war nämlich Marquise...«

Am Tische saßen drei Marquisen, und braune Haare hatten sie zu allem Überfluß ebenfalls noch. Aber sie zuckten nicht mit der Wimper. Sie wußten nur zu gut, daß nicht von ihnen die Rede war... Das einzige Samtartige, mit dem die drei aufwarten konnten, sproßte der einen auf der Oberlippe – einer wollüstig-stolzen Oberlippe, die sich, das schwöre ich Ihnen, in nicht geringer Verachtung krümmte.

»... Und sie war sogar dreifach Marquise, so wie ein Pascha Pascha mit drei Roßschweifen sein kann!« fuhr Ravila fort, der allmählich in Schwung kam. – »Die Marquise gehörte zu jenen Frauen, die nichts zu verheimlichen wissen und die, auch wenn sie es wollten, es nicht könnten. Selbst ihre Tochter, ein Mädchen von dreizehn Jahren, bemerkte trotz ihrer Unschuld nur zu bald, welche Gefühle die Mutter für mich hegte. Ich weiß nicht, welcher Dichter die Frage ausgesprochen hat, was wohl die Töchter von uns denken, deren Mütter wir geliebt haben. Das ist eine Frage voller Tiefe, die ich mir oft gestellt habe, wenn mich der schwarz und drohend auf mich gerichtete Spionenblick aus den großen, dunkeln Augen dieses Kindes überraschte. Das kleine Mädchen war mir gegenüber von geradezu wilder Zurückhaltung; häufig verließ es den Salon, wenn ich kam, oder es rückte möglichst weit von mir weg, wenn es darin bleiben mußte; es bezeigte gegen mich eine geradezu verkrampfte Abneigung... die es zu verbergen suchte, die jedoch, da sie stärker war als der Wille der Kleinen, immer wieder hervorbrach... Sie äußerte sich in mancherlei kaum wahrnehmbaren Kleinigkeiten, die mir jedoch nicht entgingen. Die Marquise, die alles andere als eine scharfe Beobachterin war, sagte mir unaufhörlich: ›Wir müssen vorsichtig sein! Ich glaube, meine Tochter ist eifersüchtig auf Sie!‹

Ich war sehr viel mehr auf der Hut als sie.

Und wäre die Kleine der leibhaftige Teufel gewesen, ich hätte mir nicht in die Karten schauen lassen... Aber die Karten der Mutter waren durchsichtig. In dem Purpurspiegel ihres so oft verwirrten Gesichts ließ sich alles ablesen! Und ich konnte mir den Haß des Kindes nicht anders erklären, als daß es das Geheimnis der Mutter durchschaut habe, aus einer verräterischen Geste, aus einem unwillkürlich allzu tiefen Blick der Zärtlichkeit. Es war, wenn Sie es wissen möchten, ein schwächliches Kind, unwürdig der glänzenden Form, der es entstammte, häßlich, wie die Mutter selbst zugab, obwohl sie es deswegen nur um so mehr liebte; ein kleiner Rauchtopas... was sage ich da? eine Art ersten Entwurfes zu einem Bronzefigürchen, doch mit schwarzen Augen... Darin lag etwas wie Zauber! Der dann später...«

Nach diesem erhellenden Blitz hielt er inne...

als wolle er ihn ungeschehen machen, als habe er bereits zuviel gesagt... Die Anteilnahme war wieder allgemein geworden; auf allen Gesichtern drückte sich Spannung aus, und die Gräfin hatte zwischen ihren schönen Zähnen sogar das Wort der von Erleuchtung durchzuckten Ungeduld laut werden lassen: »Endlich!«

V

»Als meine Liaison mit der Mutter«, begann Graf de Ravila von neuem, »noch in den Anfängen stand, herrschte zwischen der Kleinen und mir jene unbeschwerte Vertrautheit, wie sie für gewöhnlich zwischen Erwachsenen und Kindern besteht... Ich brachte ihr Süßigkeiten mit. Ich nannte sie ›Figürchen‹, und wenn ich mit der Mutter plauderte, strich ich ihr hin und wieder das Haar aus der Stirn – krankes, dunkles, rötlich schimmerndes Haar –, aber das ›Figürchen‹, dessen großer Mund für jedermann ein hübsches Lächeln hatte, zuckte bald zurück, lächelte mir nicht mehr zu, zog verbittert die Augenbrauen zusammen und wurde eben dadurch richtig zu einem Bronzefigürchen, zu der Skizze einer gequälten, runzeligen Karyatidenmaske, die, wenn meine Hand ihr über das Köpfchen glitt, die Last eines Gebälks zu tragen schien.

Angesichts dieser immerfort wiederholten Unfreundlichkeit, die fast wie Feindseligkeit anmutete, kümmerte ich mich bald nicht mehr um die sorgenvolle kleine Mimose, die sich gegen die geringste Zärtlichkeit sträubte ... kaum, daß ich sie noch ansprach! ›Sie fühlt ganz genau, daß Sie ihr etwas stehlen‹, sagte die Marquise zu mir. ›Ihr Instinkt sagt ihr, daß Sie ihr einen Teil der Liebe ihrer Mutter nehmen!‹ Und manchmal fügte sie in ihrer Gerechtigkeit hinzu: ›Das Kind hat mein Gewissen, und seine Eifersucht ist mein schlechtes Gewissen.‹

Als eines Tages die Marquise sie hatte fragen wollen, warum sie eine so tiefe Abneigung gegen mich empfinde, hatte die Kleine ihr nur kurze, verstockte, nichtssagende Antworten gegeben, die sozusagen mit einem Korkenzieher immer wieder gestellter Fragen hatten aus ihr herausgeholt werden müssen, wie es bei allen Kindern der Fall ist, die nicht mit der Sprache heraus wollen ... ›Ich habe nichts gegen ihn ... ich weiß nicht ...‹, und in Anbetracht der Widerspenstigkeit der kleinen Bronzefigur hatte die Mutter darauf verzichtet, weiter in sie zu dringen, und lässig, wie sie war, hatte sie sich abgewandt ...

Ich habe vergessen, Ihnen zu sagen, daß das sonderbare Kind sehr fromm war, fromm auf eine düstere, spanische, mittelalterliche, abergläubische Weise. Es wand sich alle möglichen Skapuliere um das hagere Körperchen, und auf der Brust, die flach war wie ein Handrücken, und um den bräunlichen Hals geschlungen, trug sie eine ganze Anzahl von

Kreuzen, Madonnenbildern und Medaillen mit Darstellungen des Heiligen Geistes! ›Sie sind leider ein Heide‹, sagte mir die Marquise. ›Vielleicht haben Sie sie einmal im Gespräch vor den Kopf gestoßen. Bitte achten Sie genau auf jede Äußerung, die Sie in ihrer Gegenwart tun. Machen Sie meine Schuld in den Augen dieses Kindes, dem gegenüber ich mich ohnehin schon so schuldig fühle, nicht noch größer!‹ Als dann das Verhalten der Kleinen sich nicht im mindesten änderte oder gar zum Besseren kehrte, fügte die Marquise besorgt hinzu: ›Schließlich werden Sie sie noch hassen – und ich könnte Ihnen deswegen noch nicht einmal böse sein.‹ Doch sie täuschte sich: das mürrische kleine Mädchen war mir völlig gleichgültig und machte mich höchstens bei Gelegenheit ein bißchen nervös.

Ich hatte zwischen ihr und mir einen Verkehrston wie zwischen Erwachsenen eingeführt, und zwar wie unter Erwachsenen, die einander nicht ausstehen können. Ich redete sie in faustdick betonter Förmlichkeit mit ›gnädiges Fräulein‹ an, und sie antwortete mir mit einem eisigen ›Herr Graf‹. Sie tat, wenn ich da war, nichts, was sie in ein günstiges Licht gesetzt hätte; sie ging nicht einmal aus sich heraus... Kaum je konnte die Mutter sie dahin bringen, mir eine ihrer Zeichnungen zu zeigen oder mir ein Klavierstück vorzuspielen. Wenn ich sie beim Üben überraschte, dem sie mit sehr viel Fleiß und Eifer oblag, so hörte sie sofort auf, fuhr vom Hocker hoch und spielte nicht weiter ...

Ein einziges Mal, als die Mutter darauf bestand (es war Besuch da), setzte sie sich mit der Miene eines Opferlamms, die, das muß ich sagen, alles andere als anmutig war, an den offenen Flügel und begann mit abscheulich widerspenstigen Fingern irgend etwas zu klimpern. Ich stand am Kamin und sah schräg zu ihr hin. Sie saß mit dem Rücken zu mir, und es befand sich ihr gegenüber kein Spiegel, in dem sie hätte sehen können, daß ich sie anschaute... Plötzlich versteifte sich ihr Rücken (sie hielt sich für gewöhnlich schlecht, und die Mutter sagte ihr oft: ›Wenn du dich immer so krumm hältst, bekommst du die Schwindsucht‹) – plötzlich versteifte sich ihr Rücken, als habe mein Blick sie wie ein Geschoß in die Wirbelsäule getroffen; sie schlug den Flügeldeckel heftig zu, was einen abscheulichen Lärm machte, und lief aus dem Salon ... Sie sollte wieder geholt werden; aber das brachte an jenem Abend niemand zuwege ...

Nun, wie es scheint, sind auch die selbstgefälligsten Männer noch nicht selbstgefällig genug; denn das Verhalten dieses verstockten kleinen Mädchens, das mich so wenig interessierte, brachte mich gar nicht auf den Gedanken, daß in ihr ein Gefühl für mich lebte. Der Mutter ging es genauso. Die Mutter, die eifersüchtig auf alle Frauen in ihrem Salon war, war auf die Tochter ebensowenig eifersüchtig, wie ich in sie verliebt war; aber schließlich verriet die Kleine sich durch etwas, das die Marquise, die, wenn wir allein waren, nichts für sich behalten konnte, noch bleich von dem ihr widerfahrenen Schrecken und lachend, daß sie ihn überstanden habe, mir unklugerweise später erzählt hat.«

Das Wort ›unklugerweise‹ hatte er leicht betont, indem er es ein wenig gedehnter aussprach, so wie ein sehr begabter Schauspieler es getan hätte – eben als ein Mann, der nur zu gut wußte, daß alles Interesse an seiner Geschichte einzig an dem dünnen Faden dieses Wortes hing!

Doch das genügte offensichtlich, denn die zwölf schönen Frauengesichter strahlten nun wieder in starker Erregung auf wie die Antlitze der Cherubim vor Gottes Thron. Ist das Gefühl der Neugierde bei den Frauen nicht genauso stark wie das der Anbetung bei den Engeln?... Er betrachtete sie einen nach dem anderen, diese Engel, die freilich nicht bei den Schultern aufhörten, und da er sie augenscheinlich vorbereitet fand für das, was er ihnen erzählen wollte, fuhr er ohne weiteres fort:

»Ja, sie lachte schallend, die Marquise, sie brauche bloß daran zu denken, sagte sie, als sie mir den Vorfall einige Zeit, nachdem er geschehen war, berichtete; aber anfangs hatte sie schwerlich gelacht. ›Denken Sie sich‹, erzählte sie mir (ich versuche, mich ihrer eigenen Worte zu erinnern), ›ich habe dort gesessen, wo wir jetzt sitzen.‹

Wir saßen auf einer der Causeusen, die dos-à-dos genannt wurden, einem der herrlichsten Möbel, die je erfunden worden sind, weil man sich darauf zanken und wieder vertragen kann, ohne aufstehen zu müssen.

›Aber glücklicherweise haben Sie nicht dort gesessen, wo Sie jetzt sitzen, als mir ... ob Sie es wohl erraten? ... Nein, darauf kommen Sie niemals! ... der Herr Pfarrer von Saint-Germain-des-Prés gemeldet wurde. Kennen Sie ihn? ... Natürlich nicht! Sie gehen ja nie zur Messe, und das ist sehr unrecht ... Wie sollten Sie da den armen, alten Pfarrer kennen, der ein wahrer Heiliger ist und der nie eine Dame seiner Gemeinde besucht, sofern es sich nicht um eine Sammlung für seine Armen oder für seine Kirche handelt? Zunächst glaubte ich, er komme deswegen.

Meine Tochter hatte von ihm die erste Kommunion empfangen, und da sie häufig zur Kommunion ging, war er ihr Beichtvater geworden. Aus diesem Grunde hatte ich ihn seither oft zu Tisch gebeten, aber immer vergebens. Als er zu mir ins Zimmer kam, war er ganz verstört, und ich nahm in seinem sonst so ruhigen Gesicht eine so unverhohlene und große Verlegenheit wahr, daß ich unmöglich einzig seine Schüchternheit dafür verantwortlich machen und nicht umhin konnte, ihn ohne weitere Einleitung zu fragen: ›Lieber Gott, Herr Pfarrer, was haben Sie denn?‹

›Gnädige Frau‹, sagte er, ›Sie sehen den verlegensten Menschen der Welt vor sich. Seit über fünfzig Jahren übe ich nun schon mein heiliges Amt aus, und nie zuvor bin ich mit einem so heiklen Auftrag betraut worden, mit einer mir selbst dermaßen unverständlichen Angelegenheit wie derjenigen, die mich zu Ihnen führt...‹

Damit setzte er sich und bat mich, für die Dauer unserer Unterredung meine Tür abzuschließen. Sie können sich wohl denken, daß diese feierlichen Umstände mich ein wenig erschreckten... Er merkte es.

›Erschrecken Sie nicht zu sehr, gnädige Frau‹, fuhr er fort, ›Sie bedürfen Ihrer ganzen Fassung, um mich anzuhören und mir selbst das Unerhörte begreiflich zu machen, um das es sich handelt und das ich einfach nicht glauben kann... Ihr Fräulein Tochter, in deren Auftrag ich komme, ist, wie Sie gleich mir wissen, von einer engelhaften Reinheit und Frömmigkeit. Ich kenne ihre Seele. Seit ihrem siebenten Lebensjahr ist sie in meinen Händen, und ich bin überzeugt, daß sie sich irrt... vielleicht gerade ihrer Unschuld wegen... Nun, heute morgen ist sie zu mir in die Beichte gekommen und hat mir erzählt, sie sei – Sie werden es nicht glauben, gnädige Frau, sowenig wie ich es glaube; doch es muß nun einmal ausgesprochen werden – sie sei in andern Umständen!‹

Ich schrie auf...

›Ich habe heute morgen im Beichtstuhl genauso

aufgeschrien‹, fuhr der Pfarrer fort, ›als sie mir dieses Geständnis mit allen Anzeichen ehrlichster und grausigster Verzweiflung ablegte! Ich kenne das Kind durch und durch. Es weiß nicht das mindeste vom Leben und von der Sünde ... Von allen jungen Mädchen, deren Beichtvater ich bin, ist sie es, für die ich vor Gott am ehesten eingestanden hätte. Mehr kann ich Ihnen nicht sagen. Wir Priester sind Seelenärzte, und wir müssen die Seelen von dem Schändlichen entbinden, das sie verheimlichen, und zwar mit Händen, die weder verwunden noch beflecken. Daher habe ich sie mit aller nur denkbaren Behutsamheit befragt, ausgeforscht und schließlich das verzweifelte Kind mit Fragen bestürmt, das jedoch, nachdem es die Tatsache gestanden und den Fehltritt zugegeben hatte, den es als ein Verbrechen und die Ursache seiner ewigen Verdammnis bezeichnet, das arme Mädchen!, mir keinerlei Antwort mehr gegeben und sich hartnäckig hinter ein Schweigen verschanzt hat, das es lediglich brach, um mich flehentlich zu bitten, ich möge Sie, gnädige Frau, aufsuchen und Sie von dem Vergehen Ihres Kindes unterrichten. ›Denn Mama muß es unbedingt wissen‹, hat sie gesagt, ›und ich würde niemals die Kraft aufbringen, es ihr einzugestehen!‹

Ich habe den Pfarrer von Saint-Germain-des-Prés angehört. Sie können sich wohl denken, mit welch einem Gemisch von Verblüffung und Angst! Wie er und mehr noch als er glaubte ich der Unschuld meiner Tochter sicher zu sein; aber die Unschuldigen kommen nur zu oft zu Fall, gerade um ihrer Unschuld willen... Und was sie ihrem Beichtvater gesagt hatte, lag durchaus im Bereich der Möglichkeit... Ich glaubte es nicht... Ich wollte es nicht glauben; und dennoch war es nicht unmöglich!... Sie war zwar erst dreizehn, aber schon Frau, und diese Frühreife hatte mich sehr erschreckt... Mich überkam eine fieberhafte, leidenschaftliche Neugier...

›Ich will und werde alles herausbekommen‹, sagte ich zu dem wackeren Geistlichen, der niedergeschmettert vor mir saß und vor Verlegenheit seine Hutkrempe zerknüllte. ›Gehen Sie jetzt, Herr Pfarrer. In Ihrer Gegenwart würde sie nichts sagen. Aber ich bin fest überzeugt, daß sie mir alles sagen wird... daß ich alles aus ihr heraushole und daß wir dann begreifen, was jetzt völlig unbegreiflich ist.‹

Und daraufhin ging der Pfarrer, und kaum war er fort, als ich auch schon hinauf zu meiner Tochter lief, da ich nicht die Geduld aufbrachte, sie zu mir bitten zu lassen und zu warten.

Ich fand sie vor dem Kruzifix vor ihrem Bett; sie kniete nicht, sondern hatte sich zu Boden geworfen, totenbleich, mit trockenen, aber über die Maßen geröteten Augen, mit Augen, die sehr viel geweint hatten. Ich nahm sie in meine Arme, setzte sie neben mich, und dann nahm ich sie auf den Schoß und sagte ihr, ich könne nicht glauben, was mir eben ihr Beichtvater berichtet hätte.

Doch sie unterbrach mich und versicherte mit herzzerreißender Stimme und verzweifeltem Gesichtausdruck, was sie gesagt habe, sei wahr; und daraufhin fragte ich, mehr und mehr beunruhigt und verblüfft, sie nach dem Namen dessen, der ...

Ich kam damit nicht zu Ende ... Ach, es war eine grausige Minute! Sie verbarg Kopf und Gesicht an meiner Schulter ... aber ich sah, daß ihr Nacken feuerrot war, und ich spürte, wie sie zitterte. Sie begegnete mir mit dem gleichen Schweigen wie ihrem Beichtvater. Es war wie eine Mauer.

›Dann muß es wohl einer sein, der tief unter dir steht, da du dich so sehr schämst?‹ fragte ich, um sie durch empörten Widerspruch zum Sprechen zu bringen; denn ich kannte ihren Stolz.

Aber nach wie vor schwieg sie verstockt und preßte den Kopf an meine Schulter. Das dauerte eine ganze Weile, die mir unendlich vorkam; dann aber sagte sie unvermittelt, ohne aufzublicken: ›Schwör mir, Mama, daß du mir verzeihst.‹

Ich schwur ihr alles, was sie wollte, auf die Gefahr hin, einen hundertfachen Meineid zu schwören; das hätte mir wenig ausgemacht! Ich brannte vor Ungeduld. Ich kochte ... Mir war, als wolle mir die Stirn zerspringen und das Gehirn auslaufen lassen ...

›Ja, Herr de Ravila war es‹, sagte sie leise, ohne sich in meinen Armen zu regen.

Ach, wie tief traf mich der Name, Amédée! Es war ein Stich mitten ins Herz, die Strafe für die große Sünde meines Lebens! Sie sind den Frauen so gefährlich, ich habe um Ihretwillen immerfort Angst vor Nebenbuhlerinnen gehabt, so daß auch in mir das schreckliche: ›Warum sollte er nicht?‹ erklang, wie es uns um eines Mannes willen quält, den wir lieben und an dem wir zweifeln ... Aber was auch in mir wühlte, ich brachte die Kraft auf, es vor diesem grausamen Kinde zu verbergen, das vielleicht die Liebe seiner Mutter ahnte.

›Herr de Ravila?‹ fragte ich mit einer Stimme, die mir alles zu sagen schien, ›aber mit dem sprichst du doch kein Wort?‹ – ›Du läufst vor ihm davon‹, wollte ich hinzufügen; denn in mir stieg die Wut hoch. Ich fühlte es ... ›So falsch seid ihr beide?‹ Aber das unterdrückte ich ... Mußte ich nicht ganz genau wissen, bis ins kleinste, wie diese schändliche Verführung vor sich gegangen war? ... Und so fragte ich dann danach, mit einer Sanftmut, an der ich sterben zu müssen glaubte, als sie mich aus dem Schraubstock, aus der Todesmarter befreite, indem sie mir in aller Unschuld sagte:

›Mutter, es war eines Abends. Er saß in dem großen Sessel, der am Kamin steht der Causeuse gegenüber. Da hat er lange gesessen, und dann ist er aufgestanden, und unglücklicherweise habe ich mich dann nach ihm in den Sessel gesetzt, den er innegehabt hatte. Oh, Mama! Es war, als hätte ich mich ins

Feuer gesetzt. Ich wollte aufstehen, ich konnte es nicht... mein Herz setzte aus! Und da habe ich gefühlt... ach, Mama... was mit mir war... daß ich ein Kind bekommen würde!‹«

Die Marquise habe gelacht, sagte Ravila, als sie ihm diese Geschichte erzählte; aber von den zwölf Damen, die um den Tisch saßen, dachte keine daran zu lachen – und Ravila ebenfalls nicht.

»Und das, meine Damen«, fügte er abschließend hinzu, »ob Sie es nun glauben oder nicht, ist die schönste Liebe gewesen, die ich in meinen Leben erweckt habe!«

Er schwieg, und die Damen schwiegen gleichfalls. Sie waren in Nachdenken versunken... Hatten sie ihn wohl verstanden?

Als Joseph Sklave bei Frau Potiphar war, heißt es im Koran, da war er so schön, daß die Frauen, die er bei Tisch bediente, traumverloren sich mit ihren Messern in die Finger schnitten, wenn sie ihn ansahen. Aber wir leben nicht mehr im Zeitalter Josephs, und unsere Befangenheiten beim Nachtisch sind ungefährlicher.

»Wie unendlich dumm, trotz all ihres Geistes, muß doch Ihre Marquise gewesen sein, daß sie Ihnen so etwas erzählt hat!« sagte die Herzogin, die es sich gestattete, zynisch zu sein, wenngleich sie sich durchaus nicht mit dem goldenen Messer schnitt, das sie in der Hand hielt.

Die Gräfin de Chiffrevas blickte nachdenklich in

ihr smaragdgrünes, kristallenes Rheinweinglas, das so geheimnisvoll war wie ihre Gedanken.

»Und das Figürchen?« fragte sie.

»Oh, das war schon gestorben, noch ganz jung und in der Provinz verheiratet, als die Mutter mir diese Geschichte erzählte«, sagte Ravila.

»Sonst...«, meinte die Herzogin versonnen.

Roda Roda

Unser Hausball

Wenn ich die Geschichte an ihrer Wurzel erfassen soll, muß ich ins vorige Jahrhundert zurückgreifen. Im Jahr 1899 nämlich lernte ich einen Herrn Pachulke kennen, dessen feines Benehmen mich bestach. Er trug eine schwergoldne Kette vor dem Unterleib, am rechten Zeigefinger einen Brillantring und interessierte sich ungemein für den Fortgang meiner Studien, die Vermögensverhältnisse meiner Angehörigen und für meine Lebensweise. Und lud mich zum Abendessen.

Ich hatte ihn bisher nicht verstanden, doch nun verstand ich ihn: er hatte eine Tochter.

Warum nicht? dachte ich mir. Es war klar: der Mann hielt mich für einen wohlhabenden, strebsamen, soliden jungen Mann. Er war also leichtgläubig. Andrerseits war er auch sehr zuvorkommend und gastfrei. Das mußte ihm vergolten werden. Ich beschloß, den Mann zum Dank für seine Gastfreundschaft von seiner Leichtgläubigkeit zu heilen. Da diese Sorte Menschen nie anders klug wird als durch eignen Schaden, verlobte ich mich mit seiner Tochter.

Ich muß freilich gestehen, daß diese Tochter, jetzt meine Frau, nicht von so sanftem Gemüt ist, wie sie mir damals zu erscheinen wußte. Auch hat sich der Koh-i-noor Pachulkes als falsch und seine Kette als doubliert erwiesen. Ferner brachten die vereinigten Bemühungen der Familie Pachulke zuwege, daß ich meine Studien vollendete und einen bürgerlichen Beruf annahm. Durch eine glückliche Pleite Vater Pachulkes wendete sich aber doch noch alles zum Besten, indem meine und seine wichtigsten Gläubiger sich mit Bruchteilen ihrer Forderungen begnügten. Ich kann also auf meine Familienverbindung mit Pachulkes im ganzen ohne Bitterkeit zurückblicken.

Es war notwendig, diese Vorgeschichte darzulegen, um die Gastfreundschaft, den Eigensinn und die Repräsentationssucht meiner Frau psychologisch zu erklären. Sie hat das alles eben von Papa.

Sie fand, daß es meine Berufsinteressen einerseits und unsre gesellschaftliche Stellung andrerseits mächtig fördern würde, wenn wir einen Hausball veranstalteten.

Ich bin grundsätzlich gegen Hausbälle. Warum sollten zwei Menschen verschiedenen Geschlechts einander umschlingen müssen, um dann um die gemeinsame Schwerachse zu rotieren? Wenn aber die Notwendigkeit, solch sonderbaren Tuns im allgemeinen bestehen mag – aus Gründen, die sich meiner Erkenntnis entziehen –, warum muß die Rotation in meinem Haus stattfinden?

Dennoch, meine Frau bestand auf ihrem Hausball. Hierauf setzte ich eine Liste jener Personen auf, die ich bei mir zu sehen wünschte. Meine Frau prüfte die Liste, strich jeden einzelnen Namen durch und setzte einen andern hin.

Dann ließ sie den Tapezierer rufen und befahl ihm, alle unsre Räume nilgrün bis ultraviolett auszuschlagen. Nur mein Arbeitszimmer gelb. Wahrscheinlich, weil Gelb die einzige Farbe ist, die mir Schlingbeschwerden verursacht.

Die zweite Konferenz hielt sie mit der Kochfrau ab. Die Frau muß in einer früheren Inkarnation Köchin in Versailles gewesen sein – sie schlug einen Aufwand vor, wie er am Hof des Sonnenkönigs üblich war.

Nach ihr kamen eine Putzmacherin, eine Schneiderin und eine Friseuse zur Vorbesprechung.

Schwiegerpapa ist glatzköpfig. Mama hat auffallend dünnes Haar. Diese Eigenschaften haben sich auf die Tochter vererbt. Die Friseuse wird also nicht viel Arbeit haben, dachte ich mir. Ihr Voranschlag lautete aber fürs Ondulieren allein auf siebenunddreißig Mark.

Was die Putzmacherin sollte, ist mir lang nicht klargeworden. Man tanzt ja doch in der Regel barhaupt. Später entdeckte ich, daß sich meine Frau hatte einen Federbusch auf den Scheitel pflanzen lassen.

Die Schneiderin hatte eine schwere Aufgabe. Es hieß, einen Mittelweg finden: Meine Frau wollte sich tief dekolletieren, zugleich aber den niedlichen, talergroßen Leberfleck verbergen, den sie im Nakken hat, und die beiden daumentiefen Salzfäßchen an den Schlüsselbeinen.

Das waren die ersten Vorbereitungen.

Am Morgen des Balltages...

Halt, da habe ich den Möbelhändler vergessen. Der Möbelhändler wird alle irgendwie brauchbaren Einrichtungsstücke in einen Möbelwagen verstauen; der Wagen bleibt die Nacht über auf unserm Hof. Hingegen muß eine Reihe von zwecklosen, aber prächtigen Gegenständen bei uns im Salon aufgestellt werden.

Am Morgen des Balltages also weckte mich lautes Geschnatter aus dem Schlaf. Ich dachte einen Augenblick an das Geflügel, das wir am Abend essen sollten – es waren aber die Aushilfsmädchen. Sie stritten um das Trinkgeld des kommenden Abends. Die Zwecklosigkeit ihres Beginnens wird ihnen erst einleuchten, wenn sie unsre Gäste gesehen haben.

Ich versuchte noch einmal einzuschlafen – da kamen die Packer des Möbelhändlers und entrafften mir die Kissen. Ich langte den Handatlas aus dem Bücherregal, um ihn fortan als Kissen zu benutzen – sie aber zerlegten die Bettstatt. Da sich das Schlafen auf der bloßen Diele unangenehm anließ, verzichtete ich darauf.

Das Frühstück servierte man mir im Arbeitszimmer. Der Tapezierer war mit der Bekleidung der Stubendecke noch nicht ganz fertig geworden und klebte eben lotrecht über mir. Ein Tropfen Kleister, nicht größer als eine Walnuß, fiel in meine Frühstückstasse. Doch der Mann sagte mir, ich brauchte mir gar nichts daraus zu machen, es wäre ganz reiner französischer Kleister.

Als ich gefrühstückt hatte, schickte mich meine Frau weg und ersuchte mich dringend, nicht vor sechs Uhr abends heimzukommen, dann aber pünktlich zur Stelle zu sein.

Ich aß also im Restaurant zu Mittag – sehr gut übrigens und ungemein preiswert. Einfach ungereimtes Zeug – diese ewigen Redereien von der ungesund zubereiteten Gasthauskost und dem eignen Herd, der Goldes wert ist.

Ein Herr, der zufällig an meinem Tisch zu sitzen kam, bestätigte meine Beobachtungen. Ein Wort gab das andere – ich erzählte ihm von unserm Hausball – er wieder erzählte, wie er eben heute morgen seine Frau in flagranti ertappt hätte und sich nun freue, einen Scheidungsgrund zu haben. Ich gratulierte ihm neidisch und schlug ihm vor, den hübschen

Nachmittag mit mir zu verbringen. Wo wir doch beide frei hätten. Ich sollte nämlich Wein und Zigarren für den Abend einkaufen.

Wir wählten in einem Zigarrenladen einige Stücke, die wir nachmittags zu prüfen gedachten, um gegen Abend endgültige Entschlüsse zu fassen. Die Zigarren bekam ich umsonst, weil die große Bestellung in Aussicht stand.

Diese Zigarren rauchten wir auf dem Weg zum Weinhändler. Wir rauchten sie weiter auf dem Weg zum zweiten, dritten und vierten Weinhändler.

Mein neuer Freund – ich habe keinen Grund, seinen Namen zu verschweigen, er hat sich mit seiner Frau wieder ausgesöhnt –, mein Freund also heißt Plinganser. Plinganser war ungemein nett. Ich trank um halb sechs – beim siebenten Weinhändler – Schmollis mit ihm und forderte ihn auf, an unserm Hausball teilzunehmen; er sollte gleich mit mir kommen.

Er wandte ein, meine Frau kenne ihn doch nicht und würde vielleicht verstimmt sein, wenn er jetzt schon ins Haus hagelte. Ich lehnte seine Einwände ab, sie erwiesen sich aber später als stichhaltig.

Als ich mit Plinganser meine Wohnung betreten wollte, hielt mich ein Kerl an, für den die Herkulesarbeiten Kinderspiel gewesen wären. Es war der für heute angestellte Portier. Meiner einfachen Angabe, ich wäre der Hausherr, schenkte er keinen Glauben. Erst als mich das Stubenmädchen agnoszierte, durfte ich eintreten. Wobei er dann mich und Plingansern zuvorkommend unterstützte.

Trotzdem mag unser Einzug nicht so geräuschlos verlaufen sein, wie ich gewünscht hatte. Meine Frau hörte uns, kam hervor – und es hieße mich selbst täuschen, wenn ich sagte, meine Frau wäre von unsrer Ankunft entzückt gewesen. Nein, das war sie nicht. Sie war sogar etwas erbittert. Sie sagte, es wäre absolut kein Raum für uns verfügbar. Ich flüchtete mit Plinganser ins Arbeitszimmer – da tanzte der Parkettenwichser eben eine Polka. Keine Zeit, zu überlegen, wohin wir nun sollten. Denn meine Frau schrie, Grete, die Normalköchin (nicht zu verwechseln mit Resi, der Aushilfsköchin, und Frau Tischel, der Kochfrau) – Grete, die Köchin, also litte an Krämpfen. Wir (ich und Plinganser) sollten augenblicklich die Gasflammen anzünden.

Wir zündeten die Gasflammen an, was uns ungeheuren Spaß machte. Die Auerstrümpfe, die der unkundige Plinganser zerriß, hätte ich leicht ersetzen können, wenn Plinganser nicht vorher in die Schachtel mit den Glühkörpern getreten wäre.

Das Schlafzimmer fanden wir zu einem Wintergarten umgestaltet. In einer Laube von Orangenbäumen und andern tropischen Gewächsen war ein Altar errichtet mit zehn oder fünfzehn Gattungen von Schnäpsen. Plinganser behauptete, er könnte mit geschlossenen Augen jede Art Schnaps am Geschmack erkennen. Er wußte wirklich alle fünfzehn

Namen richtig zu sagen. Es ist aber gar nicht einmal so schwer. Nach einiger Übung konnte auch ich es.

Da wurde meine Frau kannibalisch wild, jagte uns in die Badestube und schloß uns ein. Wir besprachen einen Scherz, den wir machen wollten: Plinganser wird auf unserm Hausball in Kostüm erscheinen – als Kurgast von Ostende. Wir freuten uns schon auf das Gesicht, das die Frau Hofrätin machen wird, wenn er sie in diesem Zustand zur Polonaise auffordert.

Als es soweit war, klopfte meine Frau mit hartem Knöchel an die Tür.

»Denk dir«, rief sie, »jemand hat vom Konfekt genascht.«

Ich wankte erschrocken hinaus, besah mir den Schaden und sprach: »Donnerwetter – und eben diese Schüssel habe ich doch vorher mit Zyankali bestreut.«

Worauf alles weibliche Dienstpersonal in Krämpfe verfiel – soweit es nicht ohnehin schon Krämpfe hatte.

Die Aufregung meiner Frau war unbeschreiblich. Sie sagte, es wäre der aller-, allerletzte Tag unsrer Ehe. Sie würde grade nur noch den Hausball abwarten und sich dann ganz, ganz bestimmt von mir scheiden lassen.

Ich suchte wieder Plinganser, der sich vor der Wut meiner Frau gerettet hatte, und traute meinen Augen nicht. Saß der Junge in der Badewanne, ließ sich die

Dusche aufs Haupt laufen und grölte das Lied vom Schwarzen Walfisch zu Askalon.

»Ja, was fällt dir denn ein?« rief ich. »Ist das ein Benehmen? In einer fremden Wohnung? Wo heute Hausball sein soll?«

Er aber wies mit stummem Finger auf einen Korb Sekt, den er unter die Traufe gerückt hatte.

Ich verstand und wartete still, wohl eine halbe Stunde. Dann schien uns der Sekt genugsam eingekühlt.

Den übereinstimmenden Aussagen aller Beteiligten nach hat unser Hausball wirklich stattgefunden. Er soll – bei dem Mangel an Sekt und Likören – nicht besonders animiert verlaufen sein.

Als ich erwachte, war er jedenfalls vorüber.

Ich erwachte mit stockstarren Gliedern – denn ich hatte die Nacht an Plingansers Seite im eiskalten Wasser der Badewanne gelegen.

Zum Glück fanden wir noch drei Sektflaschen, an denen taten wir uns gütlich. Das erwärmte uns, gab uns neue Kräfte. Wir frottierten uns gegenseitig, tranken noch eine Abschiedspulle – dann gingen wir frohgemut auseinander, jeder an seine Arbeit.

Ich hab meinen lieben Plinganser nie mehr wiedergesehen. Doch ich muß oft an ihn denken. Er hatte die Drohung meiner Frau, sich von mir scheiden lassen zu wollen, sofort als leeres Versprechen bezeichnet. Und er hat recht behalten. Ich bin noch immer Pachulkes Schwiegersohn.

Joseph von Eichendorff

Die Gesellschaft

Es war schon Abend geworden, als sich Friedrich endlich entschloß, von der Einladungskarte, die er vom Minister bekommen hatte, Gebrauch zu machen. Er machte sich schnell auf den Weg; aber das Haus der Dame, wohin die Addresse gerichtet war, lag weit in dem andern Theile der Stadt, und so langte er ziemlich spät dort an.

Er wurde bey Vorweisung der Karte in einen Saal gewiesen, der, wie es schien, mit Fleiß, nur durch einen einzigen Kronleuchter sehr matt beleuchtet wurde. In dieser sonderbaren Dämmerung fand er eine zahlreiche Gesellschaft, die lebhaft durcheinandersprechend in einzelnen Parthieen zerstreut umhersaß. Er kannte niemand und wurde auch nicht bemerkt; er blieb daher im Hintergrund und erwartete, an einen Pfeiler gelehnt, den Ausgang der Sache.

Bald darauf wurde zu seinem Erstaunen auch der

einzige Kronleuchter hinaufgezogen. Eine undurchdringliche Finsterniß erfüllte nun plötzlich den Raum und er hörte ein quickerndes, leichtfertiges Gelächter unter den jungen Frauenzimmern über den ganzen Saal. Wie sehr aber fühlte er sich überrascht, als auf einmal ein Vorhang im Vordergrund niedersank und eine unerwartete Erscheinung von der seltsamsten Erfindung sich den Augen darbot.

Man sah nemlich sehr überraschend ins Freye, überschaute statt eines Theaters die große, wunderbare Bühne der Nacht selber, die vom Monde beleuchtet draußen ruhte. Schräge über die Gegend hin streckte sich ein ungeheurer Riesenschatten weit hinaus, auf dessen Rücken eine hohe weibliche Gestalt erhoben stand. Ihr langes weites Gewand war durchaus blendendweiß, die eine Hand hatte sie ans Herz gelegt, und mit der anderen hielt sie ein Kreuz zum Himmel empor. Das Gewand schien ganz und gar von Licht durchdrungen und strömte von allen Seiten einen milden Glanz aus, der eine himmlische Glorie um die ganze Gestalt bildete und sich ins Firmament zu verlieren schien, wo oben an seinem Ausgange einzelne wirkliche Sterne hindurchschimmerten. Rings unter dieser Gestalt war ein dunkler Kreis hoher, traumhafter, phantastisch ineinanderverschlungener Pflanzen, unter denen unkenntlich verworrene Gestalten zerstreut lagen und schliefen, als wäre ihr wunderbarer Traum über ihnen abgebildet. Nur hin und her endigten sich die höchsten dieser Pflanzgewinde in einzelne Lilien und Rosen, die von der Glorie, der sie sich zuwandten, berührt und verklärt wurden und in deren Kelchen goldene Kanarienvögel saßen und in dem Glanze mit den Flügeln schlugen. Unter den dunklen Gestalten des unteren Kreises war nur eine kenntlich. Es war ein Ritter, der sich, der glänzenden Erscheinung zugekehrt, auf beyde Kniee aufgerichtet hatte und auf ein Schwert stützte, und dessen goldene Rüstung von der Glorie hell beleuchtet wurde. Von der anderen Seite stand eine schöne weibliche Gestalt in griechischer Kleidung, wie die Alten ihre Göttinnen abbildeten. Sie war mit bunten, vollen Blumengewinden umhangen und hielt mit beyden aufgehobenen Armen eine Zymbel, wie zum Tanze, hoch in die Höh', so daß die ganze regelmäßige Fülle und Pracht der Glieder sichtbar wurde. Das Gesicht erschrocken von der Glorie abgewendet, war sie nur zur Hälfte erleuchtet; aber es war die deutlichste und vollendetste Figur. Es schien, als wäre die irdische, lebenslustige Schönheit, von dem Glanze jener himmlischen berührt, in ihrer bachantischen Stellung plötzlich so erstarrt. Je länger man das Ganze betrachtete, je mehr und mehr wurde das Zauberbild von allen Seiten lebendig. Die Glorie der mittelsten Figur spielte in den Pflanzengewinden und den zitternden Blätterspitzen der nächststehenden Bäume. Im Hintergrunde sah man noch einige Streifen des Abendroths am Himmel stehen, fernes dunkelblaues Gebirg und hin und wieder den Strom aus der weiten Tiefe wie Silber aufblinkend. Die ganze Gegend schien in erwartungsvoller Stille zu feyern, wie vor einem großen Morgen, der das geheimnißvoll gebundene Leben in herrlicher Pracht lösen soll.

Friedrich war freudig zusammengefahren, als der Vorhang sich plötzlich eröffnete, denn er hatte in der mittelsten Figur mit dem Kreutze sogleich seine Rosa erkannt. Wie wir einen geliebten köstlichen Stein mit dem Kostbarsten sorgfältig umfassen, so schien auch ihm der herrliche Kreis der gestirnten Nacht draußen nur eine Folie um das schöne Bild der Geliebten, zu welcher Aller Augen unwiderstehlich hingezogen wurden. An ihren großen, sinnigen Augen entzündete sich in seiner Brust die Macht hoher, freudiger Entschlüsse und Gedanken, das Abendroth draußen war ihm die Aurora eines künftigen, weiten, herrlichen Lebens und seine ganze Seele flog wie mit großen Flügeln in die wunderbare Aussicht hinein.

Mitten in dieser Entzückung fiel der Vorhang plötzlich wieder, das Ganze verdeckend, herab, der Kronleuchter wurde heruntergelassen und ein schnatterndes Gewühle und Lachen erfüllte auf einmal wieder den Saal. Der größte Theil der Gesellschaft brach nun von allen Sitzen auf und verlor sich. Nur ein kleiner Theil von Auserwählten, wie es schien, blieb im Saale zurück. Friedrich wurde während deß vom Minister, der auch zugegen war, bemerkt und sogleich der Frau vom Hause vorgestellt. Es war eine fast durchsichtigschlanke, schmächtige Gestalt, gleichsam im Nachsommer ihrer Blüthe und Schönheit. Sie bat ihn mit so überaus sanften, leisen, lispelnden Worten, daß er Mühe hatte sie zu verstehen, ihre künstlerischen Abendandachten, wie sie sich ausdrückte, mit seiner Gegenwart zu beehren, und sah ihn dabey mit blinzelnden, fast zugedrückten Augen an, von denen es zweifelhaft war, ob sie ausforschend, gelehrt, sanft, verliebt oder nur interessant seyn sollten.

Die Gesellschaft zog sich indeß in eine kleinere Stube zusammen. Die Zimmer waren durchaus prachtvoll und im neuesten Geschmack dekorirt; nur hin und wieder bemerkte man einige auffallende Besonderheiten und Nachlässigkeiten, unsymetrische Spiegel, Guitarren, aufgeschlagene Musikalien und Bücher, die auf den Ottomanen zerstreut umherlagen. Friedrich'n kam es vor, als hätte es der Frau vom Hause vorher einige Stunden mühsamen Studiums gekostet, um in das Ganze eine gewisse unordentliche Genialität hineinzubringen.

Endlich erschien auch Rosa mit der jungen Gräfin Romana, welche in dem Tableau die griechische Figur, die lebenslustige, vor dem Glanz des Christenthums zu Stein gewordene Religion der Phantasie so meisterhaft dargestellt hatte. Rosa's erster Blick traf grade auf Friedrich. Erstaunt und mit innigster Herzensfreude rief sie laut seinen Namen.

Er wäre ihr um den Hals gefallen, aber der Minister stand eben wie eine Statue neben ihm, und manche Augen hatte ihr unvorsichtiger Ausruf auf ihn gerichtet. Er hätte sich vor diesen Leuten eben so gern wie Don Quixote in der Wildniß vor seinem Sancho Pansa in Burzelbäumen produziren wollen, als seine Liebe ihren Augen Preis geben. Aber so nahe als möglich hielt er sich zu ihr, es war ihm eine unbeschreibliche Lust, sie anzurühren, er sprach wieder mit ihr, als wäre er nie von ihr entfernt gewesen und hielt oft minutenlang ihre Hand in der seinigen. Rosa'n that diese langentbehrte, ungekünstelte, unwiderstehliche Freude an ihr im Innersten wohl.

Es hatte sich unterdeß ein niedliches, etwa zehnjähriges Mädchen eingefunden, die in einer reitzenden Kleidung mit langen Beinkleidern und kurzem schleyernen Röckchen darüber keck im Zimmer herumsprang. Es war die Tochter vom Hause. Ein Herr aus der Gesellschaft reichte ihr ein Tambourin, das in einer Ecke auf dem Fußboden gelegen hatte. Alle schlossen bald einen Kreis um sie und das zierliche Mädchen tanzte mit einer wirklich bewunderungswürdigen Anmuth und Geschicklichkeit, während sie das Tambourin auf mannigfache Weise schwang und berührte und ein niedliches italiänisches Liedchen dazu sang. Jeder war begeistert, erschöpfte sich in Lobsprüchen und wünschte der Mutter Glück, die sehr zufrieden lächelte. Nur Friedrich schwieg still. Denn einmal war ihm schon die moderne Jungentracht bey Mädchen zuwider, ganz abscheulich aber war ihm diese gottlose Art, unschuldige Kinder durch Eitelkeit zu dressiren. Er fühlte vielmehr ein tiefes Mitleid mit der schönen kleinen Bajadere. Sein Ärger und das Lobpreisen der anderen stieg, als nachher das Wunderkind sich unter die Gesellschaft mischte, nach allen Seiten hin in fertigem Französisch schnippische Antworten ertheilte, die eine Klugheit weit über ihr Alter zeigten, und überhaupt jede Ungezogenheit als genial genommen wurde.

Die Damen, welche sämmtlich sehr ästhetische Mienen machten, setzten sich darauf nebst mehreren Herren unter dem Vorsitz der Frau vom Haus, die mit vieler Grazie den Thee einzuschenken wußte, förmlich in Schlachtordnung und fiengen an von Ohrenschmäusen zu reden. Der Minister entfernte sich in die Nebenstube, um zu spielen. – Friedrich erstaunte, wie diese Weiber geläufig mit den neuesten Erscheinungen der Literatur umzuspringen wußten, von denen er selber manche kaum dem Namen nach kannte, wie leicht sie mit Namen herumwarfen, die er nie ohne heilige, tiefe Ehrfurcht auszusprechen gewohnt war. Unter ihnen schien besonders ein junger Mann mit einer verachtenden Miene in einem gewissen Glauben und Anseh'n zu stehen. Die Frauenzimmer sahen ihn beständig an, wenn es darauf ankam, ein Urtheil zu sagen, und suchten in seinem Gesichte seinen Beyfall oder Tadel im voraus herauszulesen, um sich nicht etwa mit etwas Abgeschmacktem zu prostituieren. Er hatte viele genialische Reisen gemacht, in den meisten Hauptstädten auf öffentlicher Straße auf seine eigne Faust Ball gespielt, Kotzebue'n einmal in einer Gesellschaft in den Sack gesprochen, fast mit allen berühmten Schriftstellern zu Mittag gespeist oder kleine Fußreisen gemacht. Übrigens gehörte er eigentlich zu keiner Parthey; er übersah alle weit und belächelte die entgegengesetzten Gesinnungen und Bestrebungen, den eifrigen Streit unter den Philosophen oder Dichtern: Er war sich der Lichtpunkt dieser verschiedenen Reflexe. Seine Urtheile waren alle nur wie zum Spiele flüchtig hingeworfen mit einem nachlässig mystischen Anstrich, und die Frauenzimmer erstaunten nicht über das, was er sagte, sondern was er, in der Überzeugung nicht verstanden zu werden, zu verschweigen schien.

Wenn dieser heimlich die Meynung zu regieren schien, so führte dagegen ein anderer fast einzig das hohe Wort. Es war ein junger, voller Mensch mit strotzender Gesundheit, ein Antlitz, das vor wohlbehaglicher Selbstgefälligkeit glänzte und strahlte. Er wußte für jedes Ding ein hohes Schwungwort, lobte und tadelte ohne Maß und sprach hastig mit einer durchdringenden gellenden Stimme. Er schien ein wüthendbegeisterter von Profession und ließ sich von den Frauenzimmern, denen er sehr gewogen schien, gern den heiligen Thyrsusschwinger nennen.

Es fehlte ihm dabey nicht an einer gewissen schlauen Miene, womit er niederere, nicht so saftige Naturen seiner Ironie Preis zu geben pflegte. Friedrich wußte gar nicht, wohin dieser während seiner Deklamationen so viel Liebesblicke verschwende, bis er endlich ihm gerade gegenüber einen großen Spiegel entdeckte.

Der Begeisterte ließ sich nicht lange bitten, etwas von seinen Poesien mitzutheilen. Er las eine lange Dythirambe von Gott, Himmel, Hölle, Erde und dem Karfunkelstein mit angestrengtester Heftigkeit vor, und schloß mit solchem Schrey und Nachdruck, daß er ganz blau im Gesicht wurde. Die Damen waren ganz außer sich über die heroische Kraft des Gedichts, so wie des Vortrages.

Ein anderer junger Dichter von mehr schmachtendem Anseh'n, der neben der Frau vom Hause seinen Wohnsitz aufgeschlagen hatte, lobte zwar auch mit, warf aber dabey einige durchbohrende neidische Blicke auf den Begeisterten, vom Lesen ganz erschöpften. Überhaupt war dieser Friedrich'n schon von Anfang durch seinen großen Unterschied von jenen beyden Flausenmachern aufgefallen. Er hatte sich während der ganzen Zeit, ohne sich um die Verhandlungen der anderen zu bekümmern, ausschließlich mit der Frau vom Haus unterhalten, mit der er Eine Seele zu seyn schien. Ihre Unterhaltung mußte sehr zart seyn, wie man von dem süßen, zugespitzten Munde beyder abnehmen konnte, und Friedrich hörte nur einmal einzelne Laute, wie: »mein ganzes Leben wird zum Roman« – »überschwenglichreiches Gemüth« – »Priesterleben« – herüberschallen.

John Updike

Glücklicher war ich nie

Neil Hovey kam mich besuchen, in einem feinen Anzug. Er parkte seines Vaters blauen Chrysler an der schmutzigen Rampe vor unserer Scheune, stieg aus, blieb neben dem offenen Wagenschlag stehen, in einem zweireihigen lohfarbenen Gabardineanzug, die Hände in den Taschen vergraben, das Haar mit Wasser gestriegelt, und sah zu einem Blitzableiter hinauf, der vor langer Zeit von einem Hurrikan umgeknickt worden war.

Wir wollten nach Chicago fahren, und ich hatte mir abgewetzte Hosen und ein ausgedientes Kordhemd angezogen. Neil war der Freund, dem gegenüber ich mich immer am ungezwungensten gegeben hatte, so machte es mir weiter nichts aus. Meine Eltern und ich, wir gingen vom Haus aus über den flachen Wiesenhang, der fast überall sehr matschig war nach dem Tauwetter, das um Weihnachten eingesetzt hatte, und meine Großmutter trat auf die Veranda heraus, obwohl ich ihr doch schon drinnen im Haus einen Abschiedskuß gegeben hatte. Sie stand gebückt und sah sehr zornig aus, und um ihren Kopf lag ein Heiligenschein weißen Haars, so wie wilde alte Frauen ihn haben, und aufgeregt wedelte sie die gichtgeplagte Hand vor ihrer Brust hin und her. Es wurde schon dunkel, und mein Großvater war zu Bett gegangen. »Trau nie-mals einem Mann, der einen roten Schlips trägt und den Scheitel in der Mitte hat«, war sein letzter Rat gewesen.

Seit dem frühen Nachmittag schon hatten wir mit Neil gerechnet. Ich war neunzehn Jahre alt, beinahe zwanzig, Sophomore am College, und verbrachte gerade meine Ferien zu Hause. Diesen Herbst war mir im Seminar für Schöne Künste ein Mädchen begegnet, in das ich mich verliebt hatte, und nun sollte ich zu der Neujahrsparty kommen, die ihre Eltern jedes Jahr gaben, und sie hatte mich aufgefordert, ein paar Tage bei ihr zu Hause zu verbringen. Sie wohnte in Chicago, und Neil jetzt auch, aber er war bei uns auf der High School gewesen. Sein Vater hatte einen Beruf – verkaufte Stahl, irgend so etwas war mir in Erinnerung, ein Riese von einem Mann, der eine Aktenmappe aufklappt und sagt: »Die T-Träger sind sehr gut dies Jahr« –, einen Beruf, der ihn nie seßhaft werden ließ, so daß Neil ungefähr mit dreizehn zu den Eltern von Mrs. Hovey gegeben wurde, den Lancasters. Sie hatten in Olinger gelebt, seit der Ort eine Stadt war. Der alte Jesse Lancaster, dessen kranker Kehlkopf rasselte, wenn er uns Jungen seine tollen, unerhörten Gedanken über die Mädchen zuraunte, die den lieben langen Tag an seiner Veranda vorbeiflanierten, war zweimal Stadtverordneter gewesen. Mittlerweile hatte Neils Vater einen festen Arbeitsplatz bekommen, aber er ließ Neil bis zum Examen in Olinger. Am Tag nach dem Examen dann fuhr Neil in einem Stück, ohne anzuhalten, zu seinen Eltern. Von Chicago bis in diese Gegend von Pennsylvania braucht man siebzehn Stunden. Während der zwanzig Monate, die Neil nun fort war, hatte er diese Fahrt zu uns in den Osten ziemlich häufig gemacht. Er fuhr gern Auto, und Olinger war der einzige Ort, der für ihn so etwas wie eine Heimat bedeutete. In Chicago arbeitete er in einer Garage und ließ sich von der Armee die Zähne richten, damit er eingezogen werden konnte. Korea war gerade im Gange. Er mußte jetzt zurück, und ich wollte auch nach Chicago, das fügte sich also glücklich. »Du bist ja so aufgetakelt«, warf ich ihm sofort vor.

»Ich habe adieu gesagt.« Sein Schlipsknoten hatte sich gelockert, und seine Mundwinkel waren rosa gefärbt. Noch Jahre später erinnerte meine Mutter sich daran, wie biergeschwängert sein Atem ihr an diesem Abend entgegengeschlagen war, und daß sie Angst gehabt hatte, mich mit ihm ziehen zu lassen. »Dein Großvater hat seinen Großvater immer für einen sehr dubiosen Charakter gehalten«, hatte sie gesagt.

Mein Vater und Neil verfrachteten mein Gepäck

in den Kofferraum; ich hatte alle Anzüge wieder eingepackt, die ich mitgebracht hatte, denn wir wollten zusammen mit der Eisenbahn zum College zurückfahren, das Mädchen und ich, und bis zum Frühling würde ich nicht wieder nach Hause kommen.

»Na dann auf Wiedersehen, Jungs«, sagte meine Mutter. »Ich finde euch alle beide sehr mutig.« Was mich betraf, so bezog sich das ebenso aufs Mädchen wie auf die Straße.

»Machen Sie sich keine Sorgen, Mrs. Nordholm«, sagte Neil rasch. »Er wird sicherer sein als in seinem Bett. Ich möchte wetten, daß er von hier bis Indiana schläft.« Und er sah mich an mit dem irritierend echt nachgeahmten liebevollen Blick meiner Mutter. Die beiden gaben sich die Hand zum Abschied, und eine Eintracht herrschte zwischen ihnen, die sich auf meine totale Hilflosigkeit gründete. Es bestürzte mich, daß er so flott und gewandt war, aber schließlich – man kann jahrelang mit jemandem befreundet sein, ohne je erlebt zu haben, wie er mit Erwachsenen umgeht.

Ich umarmte meine Mutter und war bestrebt, über ihre Schulter hinweg mit meinen Augen eine Photographie vom Haus zu machen, von den Wäldern dahinter und dem Sonnenuntergang hinter den Wäldern, von der Bank unter dem Walnußbaum, auf der mein Großvater immer saß und Äpfel schälte und in kleine Happen zerschnitt, die er sich dann in den Mund steckte, und von den Radspuren im weichen

Rasen, die das Bäckereiauto heute morgen zurückgelassen hatte.

Wir ließen den Wagen an und legten den einen Kilometer schlammigen Überlandweges zurück, um auf die Hauptstraße zu kommen, die in der einen Richtung nach Alton führte, über Olinger, und in der andern sich durch Felder schnitt, auf die Autobahn zu. Es war ein köstliches Vergnügen, sich nach dem strapaziösen Abschied mit spitzen Fingern eine Zigarette aus dem Päckchen in der Hemdentasche zu holen. Meine Familie wußte, daß ich rauchte, aber ich tat es nie unter ihren Augen; wir waren alle zu feinfühlig, um die Verlegenheit zu ertragen, die entstanden wäre. Ich zündete meine Zigarette an und hielt dann Hovey das Streichholz hin. Eine sehr unangestrengte Freundschaft bestand zwischen uns. Wir waren etwa gleich groß, gleich inkompetent in allen sportlichen Fragen und gleich unbegabt – wie auch immer diese Begabung beschaffen zu sein hatte –, Ergebenheit oder gar Unterwerfung von hübschen Mädchen zu gewinnen. Er hatte seine schlechten Zähne und ich meine allergische Haut; diese Mängel wurden jetzt freilich, da sie nicht mehr so viel ausmachten, behoben. Aber der springende Punkt bei unserer Freundschaft und auch bei unsrem Handicap, all die Liebe, die wir für Frauen empfanden, wirklich in die Tat umzusetzen, war, so schien mir, daß wir beide mit Großeltern zusammenlebten. Das machte unsern Blick schärfer – sowohl nach rückwärts als auch nach vorwärts; wir waren mit Nachtgeschirren vertraut und mit den mitternächtlichen Hustenanfällen, von denen die meisten Männer früher oder später geplagt werden, und wir hatten einen Begriff von einer Kindheit vor neunzehnhundert, als die Farmer über das Land geboten und Amerika westwärts blickte. Eine humane Dimension war uns gemeinsam, die uns mild und humorvoll machte unter Gleichgesinnten, aber schüchtern auf Partys und zaudernd im Auto. Mädchen hassen es, wenn Jungen zögern: sie empfinden das als Beleidigung. Zartheit mögen verheiratete Frauen schätzen. (So dachte ich damals.) Einem Mädchen, dem vom Himmel Gaben zugefallen sind, die es mit allem Elfenbein Afrikas und allem Gold Asiens aufnehmen können, muß man mehr als bloße Menschlichkeit zu spüren geben, wenn es diese Gaben verschenken soll.

Auf der Hauptstraße wandte Neil sich nicht nach links zur Autobahn, sondern nach rechts in Richtung Olinger. Meine Reaktion darauf war, daß ich mich umdrehte, durchs Rückfenster sah und mich davon überzeugte, daß niemand uns sehen konnte bei mir zu Hause, obwohl ein rosa Sandsteindreieck durch die kahlen Baumwipfel schimmerte.

Als Neil wieder den dritten Gang drin hatte, fragte er: »Hast du es eilig?«

»Nein, nicht besonders.«

»Schuman gibt seine Neujahrsparty zwei Tage

früher, wir können also hingehen. Ich habe gedacht, wir machen ein paar Stunden mit und kommen auf diese Weise um den Freitagabend-Verkehr auf der Autobahn herum.« Sein Mund öffnete und schloß sich sorgsam über den stumpfsilbernen, schmerzhaften Klammern.

»Gewiß«, sagte ich, »mir ist das gleich.« Und bei allem, was danach kam, wurde ich das Gefühl nicht los, aufgelesen und mitgenommen worden zu sein.

Sechs Kilometer waren es von der Farm bis nach Olinger. Wir fuhren durch die Buchanan Road ein, vorbei an dem großen weißen Backsteinhaus, in dem ich bis zu meinem fünfzehnten Jahr gelebt hatte. Mein Großvater hatte es gekauft, bevor ich auf der Welt war, und im selben Jahr noch verschlechterten sich seine finanziellen Verhältnisse. Die neuen Besitzer hatten Schnüre farbiger Glühbirnen um den ganzen Vordereingang und an der Kante des Verandadaches angebracht. Weiter drinnen in der Stadt, im Schaufenster des Drugstore, nickte noch der Pappnikolaus mit seinem Kopf, aber der Lautsprecher auf dem Rasen des Beerdigungsunternehmers hatte mit den Radioweihnachtsliedern aufgehört. Es war ziemlich dunkel jetzt, und die roten und grünen Lichtbögen wölbten sich wunderbar schwebend über die Grand Avenue. Am Tage sah man, daß die Birnen lediglich an verschieden langen Schnüren von einem gerade ausgespannten Kabel herunterhingen. Larry Schuman wohnte am anderen Ende der Stadt, in dem neueren Teil. Alle Kanten vorn am Schumanschen Haus und die ganze Regenrinne waren mit Lichtern bestückt. Der Nachbar nebenan hatte einen scheinwerferangestrahlten, sperrhölzernen Rentierschlitten in seinem Vorgarten installiert, und ein Schneemann aus Pappmaché lehnte sich angeheitert (seine Augen waren Xe) gegen die Wand seines Häuschens. Richtiger Schnee war in diesem Winter noch nicht gefallen. Aber die Luft an jenem Abend gab zu spüren, daß strengeres Wetter kommen würde. Im Wohnzimmer bei den Schumans war es gemütlich warm. In der einen Ecke ragte eine lamettabebürdete Blautanne bis unter die Decke; gegen ihren Fuß brandete eine Flut von Einwickelpapier, Paketband und Schachteln, von denen ein paar noch Geschenke enthielten: Handschuhe und Notizbücher und andere Kleinigkeiten, die vom Strom des Überflusses noch nicht mitgeschwemmt worden waren. Die Baumkugeln waren so groß wie Basebälle und alle entweder karmesinrot oder indigoblau. Der Baum war wohl so gekleidet, daß ich mich ganz befangen fühlte in einem Zimmer mit ihm: so ohne Jackett und Krawatte, in einem Hemd, das viel zu kurz war an den Ärmeln. Alle waren für eine Party angezogen. Dann stapfte behäbig Mr. Schuman herein und donnerte uns zusammen mit seinem Willkommensgruß. Neil und mich und die drei anderen Jungen, die bisher erschienen waren. Er war zu einem Gang in die Stadt angezogen: vanillefarbener Überzieher und silbrigseidener Schal, und er rauchte eine Zigarre, die noch ihre Banderole trug. Wenn man Mr. Schuman sah, wußte man, wo Larry sein rotes Haar herhatte und die weißen Wimpern und das Selbstvertrauen, aber was beim Sohn affektiert und penetrant wirkte, das war gerissen und gekonnt beim Vater. Was einen bei jenem entnervte, gab einem bei diesem ein Gefühl der Behaglichkeit. Während Mr. Schuman mit uns schäkerte, unterhielt sich Zoe Loessner, die wahrscheinlich mal Larrys Verlobte werden würde und bislang das einzige Mädchen auf der Party war, in wohlgesetzten Worten mit Mrs. Schuman, nickte mit ihrem ganzen Hals, spielte mit den Glasperlen drumherum und blies den Rauch ihrer Zigarette aus den Mundwinkeln heraus, um ihn nicht in das Gesicht der älteren Dame wehen zu lassen. Jedesmal, wenn eine solche Rauchfeder Zoes Mund entquoll, hüpfte der Überhang honigfarbenen Haars an ihren Schläfen. Mrs. Schuman strahlte heiter-mild über ihrem Nerzmantel und dem straßgeschmückten Notizbuch. Es war merkwürdig, sie diesmal so aufgezäumt zu sehen mit dem Geschirr des Wohlstands, der sonst eine unsichtbare Stütze für ihre Gutherzigkeit war, wie eine stabile Matratze unter einer buntglänzenden, behaglichen Daunendecke. Alle liebten sie. Sie war ein exemplarisches Produkt des County, eine Pennsylvania-Deutsche mit Söhnen, die es herrlich fand, diese Söhne zu nähren, und die meinte, daß die ganze Welt, so wie ihr eigenes Leben, sich in Freuden drehe. Ich habe sie niemals *nicht* lächeln gesehen, außer im Umgang mit ihrem Mann. Schließlich bugsierte sie ihn ins Freie. Auf der Schwelle drehte er sich noch einmal um, machte eine komische Bewegung mit den Knien und rief zu uns herein: »Seid brav, und wenn ihr nicht brav sein könnt, seht euch wenigstens vor!«

Als die Luft rein war, mußte als nächstes Alkohol beschafft werden. Es war immer dasselbe. Besaß irgend jemand einen gefälschten Führerschein? Wenn nicht, wer würde es riskieren, einen herzustellen? Larry konnte chinesische Tusche auftreiben. Vielleicht war ja auch Larrys älterer Bruder Dale zu Haus, dann könnte der fahren, wenn das nicht zu viel Zeit kostete. Allerdings – Dale fuhr am Wochenende oft direkt von seinem Arbeitsplatz zur Wohnung seiner Verlobten und blieb über Sonntag dort. Wenn alle Stränge reißen würden, wüßte Larry noch einen illegalen Laden in Alton, aber die nahmen einen da so schamlos aus. Das Problem fand dann eine ulkige Lösung. Mit der Zeit erschienen immer mehr Gäste, und einer unter ihnen, Cookie Behn, der ein Jahr zurückgestellt worden und dadurch in unsere Klasse geraten war, verkündete, daß er im vorigen November auf Ehrenwort einundzwanzig geworden sei. Schließlich gab ich ihm mein Scherflein und fühlte mich unwohl dabei: Untugend wurde einem so leicht gemacht.

Die Party verlief genauso wie alle Partys, auf denen ich bisher in meinem Leben gewesen war, angefangen mit Ann Mahlons erster Hallowe'en-Party, die ich als eiferglühender, tolpatschiger, atemloser, blinder Donald Duck mitgemacht habe. Meine Mutter hatte das Kostüm selbst genäht, und die Augenschlitze verrutschten dauernd und lagen überdies weiter auseinander als meine Augen, so daß selbst dann, wenn die Gazewolken sich teilten, sie eine enttäuschende, perspektivelose Welt enthüllten – so, wie man sie eben mit einem Auge sieht. Ann, die immer noch ziemlich kindlich war, weil ihre Mutter sie zu sehr verzärtelte, und ich und noch ein Junge und ein Mädchen, die nicht in irgendwelche romantischen Abenteuer verwickelt waren, gingen ins Schumansche Souterrain und spielten Tischtennis. Mit Schlägern bewaffnet, standen wir einander zwei und zwei gegenüber am Tisch, und wenn der Ball heranhüpfte, rannten wir kreuz und quer umeinander, schlugen nach ihm und kreischten laut. Die Mädchen zogen ihre Hackenschuhe aus, um besser laufen zu können, und zerrissen sich die Strümpfe auf dem Zementfußboden. Die Gesichter der beiden, ihre Arme und Schultern röteten sich, und wenn eine sich vorbeugte, dem Netz zu, dann verrutschte der Ausschnitt ihres halbfestlichen Kleides, und man konnte die weißen Büstenhalterträger sehen, die ins dicke Fleisch schnitten, und wenn sie sich ausreckte, kam die rasierte Achselhöhle zum Vorschein, die aussah wie ein Stückchen Hühnerhaut. Ein Ohrring von Ann flog weg: Die beiden zusammenhängenden Straßsteine rutschten über den Boden und blieben an der Wand liegen, zwischen Schumans Rasenmäher, den Federballpfosten und den leeren bronzefarbenen Ölbüchsen, deren jede zwei dreieckige Löcher hatte. All diese Eindrücke aber ertranken im Wirbel unseres Spiels. Uns war ganz schwindelig, als wir aufhörten. Ann lehnte sich an mich, um wieder in ihre Schuhe zu steigen.

Als wir die Souterraintür aufstießen, knallte sie gegen den Geländerpfosten der teppichbelegten Treppe, die zum ersten Stock hinaufführte. Auf der dritten Stufe saß, in ein Gespräch vertieft, ein Pärchen. Das Mädchen, Jacky Iselin, weinte, ohne einen Muskel zu verziehen: nichts weiter, nur Tränen, die herunterliefen wie Wasser über Holz. Ein Teil der Gesellschaft hielt sich in der Küche auf, mixte Drinks und machte Krach. Andere tanzten im Wohnzimmer nach Plattenmusik. (Lauter Achtundsiebziger, steife Scheiben, die in schwerfälligem, schiefem Stapel auf der Spindel von Schumans Plattenspieler staken.) Alle drei Minuten fiel mit einem Klick und einem Klack eine neue Platte herunter, und die Stimmung wechselte jählings. Eben war es noch »Stay As Sweet As You Are«. Clarence Lang stand auf einem Fleck und wiegte sich monoton hin und her, mit dem Ausdruck eines Idioten im Gesicht und June Kaufmans knochenloser, trauriger, brauner Hand in der seinen; ihrer beider Gesichter waren in dieselbe Richtung gewandt und klebten zusammen wie die zwei Gesichter eines Götzen. Als die Musik stoppte, lösten sie sich voneinander, und ein großer runder dunkler Fleck blieb auf ihren Wangen. Im nächsten Augenblick war dann Goodmans »Loch Lomond« an der Reihe oder »Cherokee«, aber niemand außer Margaret Lento wollte Jitterbug tanzen. Außer Rand und Band tobte sie solo herum, schwang tollkühn ihren Kopf hin und her und wackelte mit dem Popo, und mit einem Schwappen ihres Kleides fegte sie eine Christbaumkugel auf den Teppich, wo sie in hundert konvexe kleine Spiegel zersprang. Mädchenschuhe waren in unschuldigen Paaren übers Zimmer verteilt. Etliche waren ganz flach und hatten sich, mit schüchtern abgewandten Spitzen, unters Sofa verkrochen; andere waren hochabsätzig und lagen schielend da, der Stachel des einen ins Innere des anderen gebohrt. Ich saß abseits und unbeachtet in einem großen Lehnstuhl, und mit heißer gieriger Verwirrung meinte ich, wahrhaftig Tränen in meinen Augen zu spüren. Wenn nicht alles genauso wie eh und je gewesen wäre, dann hätte ich es gewiß nicht so tragisch gefunden. Aber die Mädchen, die all diese Schuhe abgestreift hatten, waren, bis auf wenige Ausnahmen, die gleichen, die auf allen Partys meines Lebens zu finden gewesen waren. Die Veränderungen waren nur geringfügig: kürzeres Haar, ein Verlobungsring, freimütiger zur Schau gestellte Rundlichkeiten. Manchmal, während sie um mich herumwirbelten, traf mich ein fremder Strahl aus ihren Gesichtern, er brach aus einer Härte, die mir neu war: als würden diese Mädchen straffer unter ihrer Haut. Der brutale Zug, der sich in die Gesichter der mir wohlbekannten Jungen geschlichen hatte, schien gewollt zu sein, ersehnt sogar, und war deshalb nicht so bedrückend. Dafür, daß Krieg war, hatten sich erstaunlich viele hier zusammengefunden: manche waren wehruntauglich, andere besuchten ein College, wieder andere warteten gerade auf ihre Einberufung. Kurz vor Mitternacht rüttelte jemand an der Tür, und da, im Verandalicht, standen, verloren und durchgefroren in ihren kurzen Sportjacken, drei Jungen aus der Klasse über uns, die früher immer versucht hatten, Schumans Partys zu schmeißen. Sie waren Sportkanonen gewesen in der High School von Olinger und standen auch jetzt mit dieser gesammelten Laxheit da, als hingen sie an Schnüren herab. Sie hatten Vorlesungen im Melanchthon belegt, einem kleinen lutherischen College am Rande von Alton, und spielten während dieses Semesters im Melanchthon-Basketballteam. Das heißt, zwei taten das, der dritte war nicht gut genug dafür. Mehr aus Feigheit denn aus Gutmütigkeit ließ Schuman sie herein, und unverzüglich verschwanden sie im Souterrain; sie hatten ihre eigene Flasche mitgebracht und behelligten uns nicht.

Eine ganz neuartige Verlegenheit kam plötzlich auf. Darryl Bechtel hatte Emmy Johnson geheiratet, und das Paar gesellte sich zu uns. Darryl hatte im Treibhaus seines Vaters gearbeitet und galt allgemein als langweilig; aber Emmy hatte zu uns gehört. Niemand tanzte anfangs mit ihr, und Darryl verstand nichts davon, aber dann riskierte Schuman es, vielleicht, weil er der Gastgeber war. Andere folgten seinem Beispiel, aber er hatte sie am häufigsten im Arm, und um Mitternacht, als wir so taten, als ob das neue Jahr anfinge, küßte er sie. Eine Kußwelle ging durchs Zimmer, und jeder riß sich darum, Emmy zu küssen. Sogar ich. Sie war verheiratet, und irgendwie wurde es dadurch außergewöhnlich. Ihre Wangen glühten, und sie sah hilfesuchend um sich, aber Darryl hatte sich aus Verlegenheit darüber, seine Frau tanzen zu sehen, ins Zimmer vom alten Schuman verkrochen, und da saß auch Neil, in geheimnisvolles, brütendes Denken versunken.

Als das Küssen aufhörte und Darryl wieder zum Vorschein kam, ging ich zu Neil hinein. Er hatte die Hände vors Gesicht gelegt und klopfte mit dem Fuß den Takt zu einer Platte, die sich auf Mr. Schumans privatem Grammophon drehte: Krupas »Dark Eyes«. Es war ein dröhnendes, fortwährend sich wiederholendes Arrangement, und Neil hatte seit Stunden die Platte wieder und wieder gespielt. Er liebte

Saxophon – vermutlich taten wir das alle, die wir dem Depressionsjahrgang entstammten. »Meinst du, der Verkehr auf der Autobahn hat sich jetzt gelegt?« fragte ich ihn.

Er nahm das hohe Glas, das auf dem Schränkchen neben ihm stand, und tat einen überzeugenden Schluck. Sein Gesicht sah mager aus von der Seite und schimmerte irgendwie blau. »Schon möglich«, sagte er und starrte auf die Eiswürfel, die in der okkerfarbenen Flüssigkeit lagen. »Das Mädchen in Chicago wartet auf dich?«

»Na ja, schon, aber wir können sie anrufen und ihr Bescheid geben, wenn *wir* nur wissen, wann wir kommen.«

»Hast du Angst, sie wird ranzig?«

»Wie meinst du das?«

»Ich meine, bist du nicht die ganze Zeit bei ihr, wenn wir dort angekommen sind? Willst du sie nicht heiraten?«

»Keine Ahnung. Es kann sein.«

»Na also, du hast noch dein ganzes gesegnetes Leben lang Gelegenheit, sie zu sehen.«

Er sah mich starr an, und der trübe Schleier über seinen Augen sagte mir, daß er volltrunken war. »Das Traurige an euch Kerlen, die ihr alle Glück habt«, sagte er langsam, »ist, daß ihr euch einen Scheißdreck um uns andere schert, die wir keins haben.« Diese melodramatische Grobheit, die da aus Neil herausbrach, erstaunte mich, genauso wie vor ein paar Stunden die Süßholzraspelei meiner Mutter gegenüber. Ich versuchte, seinem waidwunden Starren zu entgehen, und entdeckte dabei eine dritte Person im Zimmer: ein Mädchen, das, mit Schuhen an den Füßen, dasaß und im *Holiday* las. Sie verdeckte zwar ihr Gesicht mit dem Journal, aber an ihren Kleidern und den unvertrauten Beinen erkannte ich, daß es sich um die Freundin handelte, die Margaret Lento mitgebracht hatte. Margaret stammte nicht aus Olinger, sondern aus Riverside, einem Stadtteil von Alton, keinem Vorort. Sie hatte Larry Schuman während eines Sommer-Jobs in einem Restaurant kennengelernt und war für den Rest der High School mehr oder weniger mit ihm gegangen. Daraufhin jedoch hatte es Mr. und Mrs. Schuman gedämmert, daß es sogar in einer Demokratie Standesunterschiede gibt, was wahrscheinlich eine sehr willkommene Neuigkeit für Larry war. In der grausamsten und umständlichsten Form, die er ersinnen konnte, hatte er sich im Laufe des Jahres, das jetzt beinahe vorüber war, von ihr getrennt. Es war eine Überraschung für mich gewesen, sie hier auf dieser Party zu treffen. Offenbar war ihr nicht wohl gewesen bei dem Gedanken, allein zu erscheinen, und so hatte sie diese Freundin mitgebracht, den einzigen Schutz, den sie hatte auftreiben können. Das andere Mädchen führte sich dann auch lediglich wie eine gemietete Leibwache auf.

Da ich keine Antwort hatte auf Neils Bemerkung,

ging ich ins Wohnzimmer zurück, wo die sinnlos betrunkene Margaret ihren Körper verrenkte, als ob sie sich einen Knochen brechen wollte. Im Takt mit der Musik rannte sie ein paar Schritte, ließ dann ihren Körper wellenförmig vor- und zurückschnellen wie eine Peitsche, schlug mit dem Kinn dabei auf die Brust, ihre Schultern zuckten nach vorn und die Hände flogen, mit fächerförmig gespreizten Fingern, nach rückwärts. In dieser Haltung wirkte ihr Körper kindlich plastisch, und unversehrt ging sie aus dieser Akrobatik hervor, klatschte in die Hände, tänzelte mit den Füßen und summte. Schuman hielt sich aus ihrer Nähe. Margaret war klein, höchstens ein Meter siebenundfünfzig, von einer Kleinwüchsigkeit, die zu früh ausreift. Einen Teil ihres schwarzen Haares hatte sie platinfarben gebleicht, alles zusammen ganz kurz gestutzt und dies Stoppelfeld zu einer kräuseligen Löckchenfrisur gedrillt – wie bei antiken Knabenstatuen. Von vorn war ihr Gesicht ziemlich grobgeschnitten, aber ihr Profil war merkwürdigerweise ganz klassisch. Ein bißchen wie Portia sah sie aus. Wenn sie sich nicht ihrem wilden, idiotischen Getanze hingab, war sie im Badezimmer und erbrach sich. Die Armseligkeit und die Vulgarität ihres exhibitionistischen Gehabes gab jedem, der nüchtern war, ein unbehagliches Gefühl. Die gemeinsame Schuld, Zeugen zu sein bei den Exerzitien dieses Mädchens, schweißte uns, so kam es mir vor, für alle Zeiten zusammen in diesem Raum, und nie würde es möglich sein, daß wir auseinandergingen. Ich selber war vollkommen nüchtern. Und ich gewann damals den Eindruck, daß die Menschen nur tranken, um aufhören zu können mit dem Unglücklichsein; ich selber fühlte mich wenigstens fast immer einigermaßen glücklich.

Gegen eins, als die alten Schumans nach Haus kamen, hatte Margaret gottlob gerade ihre Badezimmerphase. Sie sahen kurz zu uns herein. Es war sehr vergnüglich, aus ihrem Lächeln zu ersehen, daß wir ihnen, so verrottet und hellwach wir uns auch fühlten, jung und müde vorkamen: Larrys Freunde. Sie gingen die Treppe hinauf, und der Sturm bei uns legte sich ein wenig. Eine halbe Stunde später wurden Kaffeetassen aus der Küche hereinbalanciert. Gegen zwei standen vier Mädchen in Schürzen an Mrs. Schumans Spülstein, und andere pendelten hin und her und trugen die Gläser und Aschenbecher zusammen. Ein anderer harmloser Lärm gesellte sich zu dem Geklapper in der Küche: Im kalten Gras draußen hatten die drei Melanchthon-Athleten das Federballnetz ausgespannt und schlugen im blassen Lichtschein des Hauses den Ball hinüber und herüber. Er stieg und fiel durch die ungleichmäßigen Lichtstreifen und schimmerte wie ein Leuchtkäfer. Jetzt, da die Party in den letzten Zügen lag, schien Neils Apathie sich vorsätzlich zu verschlimmern, ja, geradezu einen rachsüchtigen Anstrich zu bekommen. Noch mindestens eine Stunde lang fuhr er fort, sich »Dark Eyes« vorzuspielen, seinen Kopf mit den Händen zu halten und mit dem Fuß zu klopfen. Überhaupt, das Bild, das sich einem in Mr. Schumans Zimmer bot, hatte sich auf unheimliche Weise fixiert: Das Mädchen saß weiterhin im Sessel und las Journale, *Holiday* und *Esquire*, eines nach dem andern. In der Zwischenzeit fuhren draußen Autos vor und starteten wieder, und die Motoren heulten. Schuman brachte Ann Mahlon fort und kam nicht wieder, und die Athleten schleppten des Nachbars künstlichen Schneemann mitten auf die Straße und verschwanden. Bei den Verabredungen, die schließlich Hals über Kopf getroffen wurden, hatte Neil sich irgendwie erboten, Margaret und das andere Mädchen nach Haus zu bringen. Den größten Teil dieser letzten Stunde hatte Margaret im Badezimmer damit verbracht, wieder zu sich zu kommen. Ich schloß einen kleinen gläsernen Bücherschrankaufsatz auf, der einen Schreibtisch im dunklen Eßzimmer zierte, und griff nach einem Band aus Thackerays Werken. Es stellte sich heraus, daß es Band II von *Henry Esmond* war. Aber lieber fing ich hiermit an, als noch ein Buch aus der Reihe zu zerren, die hier so lange zusammengepreßt gestanden hatte, daß die einzelnen Einbände gleichsam ineinandergewachsen waren.

Henry brach gerade wieder zum Krieg auf, als Neil unter der Tür erschien und sagte: »Okay, Norseman. Auf nach Chicago.« »Norseman« war eine

Spielart meines Namens, die er nur gebrauchte, wenn er besondere Zuneigung empfand.

Wir knipsten alle Lichter aus und ließen nur die Flurlampe brennen, für den Fall, daß Larry doch noch zurückkäme. Margaret Lento schien nüchterner geworden zu sein. Neil reichte ihr den Arm und geleitete sie auf den Rücksitz im Auto seines Vaters; ich trat beiseite, um das andere Mädchen sich neben sie setzen zu lassen, aber Neil bedeutete mir, daß ich hinten einsteigen solle. Ich nahm an, er wollte das stumme Magazinmädchen vorn neben sich haben. Sie saß dann brav auf ihrer Seite, das war alles, was ich beobachten konnte. Neil fuhr rückwärts auf die Straße und steuerte mit ungewohnter Vorsicht an dem Schneemann vorbei. Unsere Scheinwerfer förderten zutage, daß die Rückseite dieses Schneemanns eine rechteckige, klaffende Öffnung war; er war nur dafür bestimmt, an einer Hauswand zu lehnen.

Wenn man von Olinger kam, mußte man diagonal durch Alton fahren, um Riverside zu erreichen. Die Innenstadt lag in tiefem Schlaf, als wir sie durchquerten. Die meisten Ampeln standen auf Grün. Alton hatte einen schlechten Ruf unter den Großstädten; seine Korruption und seine Spielhöllen, seine feile Rechtsprechung und seine Bordelle waren in den mittelatlantischen Staaten landauf, landab verschrien. Aber mir zeigte es immer ein unschuldiges

Gesicht: lauter Häuserreihen, die aus einem hier beheimateten staubigroten, blumentopffarbenen Backstein gebaut waren, und jedes Haus war mit einer winzigen, intimen, balustradengeschmückten Veranda bewehrt, und sonst gab es nichts als Kinohäuser die Fülle und Bierreklamen längs der Hauptstraße, die erkennen ließen, daß die Einwohner dieser Stadt dem Genuß gegenüber aufgeschlossener waren als ihren Mitmenschen. Und in der Tat, als wir mit mäßiger Geschwindigkeit durch die schlafenden, autogesäumten Straßen fuhren, an einer Kalksteinkirche vorbei, die sich an jeder Mauerecke weit vorbauchte, unter den behaubten Laternen entlang, die von oben her Wache hielten, schien Alton weniger das Zentrum einer weitläufigen städtischen Ansiedlung als vielmehr Vorort einer unermeßlichen mythischen Metropole wie Pandämonium oder Paradies. Ich nahm zur Kenntnis, daß Tür auf Tür mit immergrünen Girlanden umwunden und die Hausnummern in kleine Lünetten aus buntem Glas gebettet waren. Und ich nahm außerdem zur Kenntnis, daß jeder Häuserblock ein Stück weiter entfernt lag von der Autobahn. Riverside schmiegte sich in die Windungen des Schuylkill und war daher nicht so regelmäßig angelegt. Das Haus, in dem Margaret wohnte, stand in einer kurzen Reihensiedlung mit gemusterten Dächern; wir näherten uns ihm von hinten auf einer winzigen zementierten Gasse, die von Abflußwässerchen meliert war. Die

Veranden lagen nur wenige Zoll über der Gasse. Margaret fragte, ob wir nicht Lust hätten, auf eine Tasse Kaffee hineinzukommen, da wir doch noch nach Chicago wollten, und Neil nahm die Einladung an, stieg aus dem Wagen und knallte den Schlag zu. Das hallte durch die ganze Gasse, und ich erschrak. Ich staunte über das ungezwungene gesellige Leben, das meine Freunde augenscheinlich um halb vier in der Frühe pflogen. Margaret ließ uns dann aber doch recht verstohlen ein und knipste nur die Küchenlampe an. Küche und Wohnzimmer waren durch ein großes Sofa voneinander getrennt, das mit seiner Sitzfläche in eine verworrene Dunkelheit hineinragte. Mattes Licht sickerte von der anderen Gassenseite her übers Fensterbrett und über die Rippen einer Heizung. In der einen Ecke schimmerte die Glasscheibe eines Fernsehempfängers. Der Schirm schien lächerlich klein, aber der ganze Apparat hatte etwas unverhältnismäßig Elegantes. Die Schäbigkeit überall würde mir sicher nicht so kraß zum Bewußtsein gekommen sein, wenn ich nicht gerade aus dem Haus der Schumans gekommen wäre. Neil und das andere Mädchen setzten sich aufs Sofa. Margaret hielt ein Streichholz an den Gasbrenner, und als die blaue Flamme an dem alten Kessel hochleckte, löffelte sie Kaffee-Extrakt in vier geblümte Tassen.

Irgendeiner der früheren Bewohner dieses Hauses hatte am Küchenfenster eine Frühstücksnische eingerichtet: nichts weiter als ein Bretterverhau mit einem Tisch und zwei hochlehnigen Bänken. Ich setzte mich hinein und las alles, was mir vor die Augen kam: »Salz«, »Pfeffer«, »Nehmen Sie doch LUMPS«, »Dezember«, »Mohns Milch G.m.b.H. – Fröhliche Weihnacht und ein Glückliches Neues Jahr – Mohns Milch ist *sichere* Milch – ›Mutti, nimm doch Mohns!‹«, »Streichhölzer«, »PRESSE«, »Vereinigte Magee Herd & Ofen Werke«, »Gott lebt in diesem Haus«, »Ave Maria Gratia Plena«, »Geschroteter Weizen macht das neue KUNGSHOLM-Produkt so bekömmlich.« Margaret brachte den beiden auf dem Sofa Kaffee und nahm dann mir gegenüber in der Bude Platz. Die Müdigkeit hatte blaue Schatten unter ihre Augen geworfen.

»Na«, fragte ich, »haben Sie sich gut amüsiert?«

Sie lächelte und schlug die Augen nieder und rührte mit zierlicher Geistesabwesenheit in ihrer Tasse, hob den Löffel heraus und legte ihn auf die Untertasse, ohne daß ein Tropfen herunterfiel.

»Ziemlich merkwürdig zum Schluß«, sagte ich, »der Gastgeber war nicht mal da.«

»Er hat Ann Mahlon nach Hause gebracht.«

»Ich weiß.« Es überraschte mich, daß sie es auch wußte, wo sie doch um diese Zeit im Badezimmer gewesen war.

»Du scheinst eifersüchtig zu sein«, setzte sie hinzu.

»Wer? Ich? Ganz gewiß nicht.«

»Du magst sie, John, nicht wahr?« Daß sie mich duzte und die Art, wie sie die Frage gestellt hatte, schien mir, selbst wenn man die Partys, auf denen wir uns begegnet waren, außer acht ließ, nicht allzu vorschnell; schließlich war es tief in der Nacht, und ich hatte mir von ihr Kaffee machen lassen. Ein Mädchen, das einem Kaffee gekocht hat, muß sich das schon erlauben dürfen.

»Oh, ich mag jeden«, erwiderte ich, »und je länger ich jemanden kenne, desto mehr mag ich ihn, weil er desto mehr ein Teil von mir wird. Die einzigen Menschen, die ich lieber mag, sind die, die ich gerade kennengelernt habe. Ann Mahlon kenne ich seit dem Kindergarten. Ihre Mutter hat sie jeden Morgen bis an den Schulhof gebracht, viele Monate später noch, als alle anderen Mütter längst aufgehört hatten damit.« Ich wollte eine gute Figur machen in Margarets Augen, aber sie waren zu dunkel. Gelassen war sie ihrer Müdigkeit Herr geworden, aber die wurde immer schwerer in ihr.

»Hast du sie damals gemocht?«

»Sie hat mir leid getan, weil ihre Mutter ihr so zugesetzt hat.« Darauf fragte sie: »Wie war Larry, als er klein war?«

»Oh, sehr aufgeweckt. Und ein bißchen schäbig.«

»Er war schäbig?«

»Ja, so würde ich sagen. Irgendwann in der Schulzeit haben wir angefangen, zusammen Schach zu spielen. Ich gewann immer, und da nahm er heimlich Unterrichtsstunden bei einem Mann, der mit seinen Eltern befreundet war, und studierte Lehrbücher.«

Margaret lachte ehrlich amüsiert auf. »Und da hat er dann gewonnen?«

»Einmal. Dann habe ich mir wirklich Mühe gegeben, und daraufhin stellte er fest, daß Schach doch eigentlich ein Babyspiel ist. Und außerdem war ich auch schon abgenutzt. Er war auf eine Weise hinter einem her, daß man jeden Nachmittag bei ihm zu Haus verbringen mußte, und dann, ein paar Monate später, ernannte er jemand andern zu seinem Busenfreund und trieb's mit dem so.«

»Er ist komisch«, sagte Margaret. »Er hat einen so kalten Verstand. Er beschließt, daß er dies oder das haben will, tut, was er tun muß dafür, und nichts, verstehst du, nichts, was ein anderer dann sagt, kann ihn davon abbringen.«

»Ja, er neigt dazu, sich das zu beschaffen, was er haben will«, pflichtete ich vorsichtig bei und merkte, daß sie das auf sich bezog. Armes kleines geprelltes Mädchen, in ihren Augen strebte er noch immer mit außerordentlicher List, entgegen allen Einwänden seiner Eltern, geradewegs auf sie zu.

Meine Tasse war fast leer, und so sah ich zum Sofa im andern Zimmer hinüber. Neil und das Mädchen waren in der Versenkung verschwunden hinter der Rückenlehne. Es war mir vorher gar nicht ernstlich in den Sinn gekommen, daß sich zwischen ihnen eine Beziehung angebahnt haben könnte, aber jetzt, da es offensichtlich war, schien es ganz natürlich und bedeutete zu dieser nächtlichen Stunde sogar eine frohe Neuigkeit für mich, obschon es zur Folge haben würde, daß Chicago in noch weitere Ferne rückte.

So sprach ich mit Margaret über Larry, und aus ihren Fragen und Antworten wurde deutlich, daß sie wirklich einen feinen Sinn für ihn hatte. Dabei kam es mir hirnverbrannt vor, mit solch einem Ernst die Persönlichkeit eines Schulfreundes zu diskutieren – wie wenn er über Nacht ein Faktor in der Welt geworden wäre; ich konnte nicht einmal glauben, daß er in *ihrer* Welt irgendeine Funktion hatte. Larry Schuman hatte mir nach kaum mehr als einem Jahr nichts mehr bedeutet. Bemerkenswert war nur unsere Unterhaltung, nicht das Thema: die raschen Zustimmungen, das langsame Nicken, die Verflechtung zweier verschiedener Erinnerungen; das kam einem jener Panamakörbe gleich, die unter Wasser um einen wertlosen Stein geformt werden.

Sie bot mir noch eine Tasse Kaffee an. Und als sie wiederkam mit der Tasse, setzte sie sich nicht mir gegenüber, sondern neben mich und hob mich auf einen solchen Gipfel der Dankbarkeit und Zuneigung, daß ich dachte, die einzige Möglichkeit, diese Gefühle auszudrücken, sei, sie *nicht* zu küssen, gerade so, als ob ein Kuß ein schändlicher Mißbrauch wäre, den Frauen zu allem andern noch erleiden mußten. »Kalt. Der Geizkragen schraubt den Thermostat immer auf sechzig runter«, sagte sie und meinte damit ihren Vater. Sie zog meinen Arm um ihre Schultern und faltete meine Hand um ihren nackten Arm, damit sie ihn wärme. Der Rücken meines Daumens lehnte sich gegen die Wölbung ihrer einen Brust. Ihr Kopf schmiegte sich in die Kuhle, wo mein Arm in meinen Brustkasten überging. Sie war schrecklich leicht, wenn man sie so neben dem eigenen Körper spürte. Hundert Pfund wog sie vielleicht. Ihre Lider senkten sich, und ich küßte ihre beiden schönen Brauen und dann die Hautzwischenräume zwischen den zotteligen Löckchen, einige schwarz, einige platin, die ihr in die Stirn fransten. Im übrigen trachtete ich, so reglos zu sein, wie ein Bett sich verhalten würde. Es war wirklich kalt geworden. Ein Schauer, der meine andere, meine ihr abgekehrte Körperhälfte durchlief, ließ meine Schultern zucken, obwohl ich mich bemühte, mich nicht zu rühren; sie runzelte die Stirn und zog unwillkürlich meinen Arm fester um sich. Niemand hatte die Küchenlampe ausgeschaltet. Auf Margarets verkürzter Oberlippe waren zwei Bleistiftstriche, so sah es aus; das Stück Handgelenk, das meine miserabel sitzende Manschette freigab, sah bleich und nackt aus gegen den abwärts verlaufenden zierlichen Arm, den es festhielt.

Draußen auf der Straße vor dem Haus war kein Laut. Nur einmal fuhr ein Auto vorbei: um fünf ungefähr, mit zwei Auspufftöpfen, eingeschaltetem Radio und einem grölenden Jungen. Neil und das Mädchen murmelten unablässig miteinander; dann und wann konnte ich verstehen, was sie sagten.

»Nein. Was?« fragte sie.

»Das ist mir gleich.«

»Würdest du nicht einen Jungen wollen?«

»Ich wäre über alles glücklich, was kommt.«

»Ich weiß, aber was würdest du *lieber* wollen? Wollen Männer nicht Jungs?«

»Das ist mir egal. Ich will dich.«

Ein wenig später fuhr auf der anderen Straßenseite der Mohnwagen vor. Der Milchmann saß, wohlvermummt, hinter den Scheinwerfern in einem warmorange beleuchteten Raum von der Größe einer Telefonzelle, steuerte mit einer Hand und rauchte eine Zigarre, die er auf der Kante des Armaturenbrettes ablegte, bevor er ausstieg und etliche Flaschen aus dem vibrierenden, drahtgeflochtenen Laderaum holte. Neil beschloß jetzt, daß es Zeit sei. Margaret wachte auf, aus Angst vor ihrem Vater, und wir flüsterten ihr eilig unsere Abschieds- und Dankesworte zu. Dann setzte Neil noch das andere Mädchen vor ihrer Haustür ab, ein paar Straßenecken weiter – er wußte, wo. Irgendwann in dieser Nacht muß ich ihr Gesicht gesehen haben, aber ich habe keine Erinnerung daran. Sie ist immer hinter einem Magazin oder in Dunkelheit verborgen oder kehrt mir ihren Rücken zu. Ich weiß, Neil heiratete sie Jahre später, aber nachdem wir in Chicago angekommen waren, habe ich auch ihn nie wiedergesehen.

Rotes Zwielicht betupfte die Wolken über den schwarzen Schieferdächern, als wir, in Gesellschaft einiger anderer Autos, durch Alton fuhren. Die mondgroße Uhr einer Bierreklame stand auf zehn nach sechs. Olinger war totenstill. Die Luft wurde heller, als wir die große Straße erreichten; eine schimmernde Wand unseres Hauses hing zwischen den Bäumen, als wir in die lange Kurve bei der Mennoniten-Molkerei einschwangen. Mit einer Zweiundzwanzig hätte ich eine Scheibe im Schlafzimmerfenster meiner Eltern treffen können, und sie träumten, ich sei in Indiana. Mein Großvater war sicher schon auf und stapfte in der Küche umher, um meine Großmutter zu wecken, damit sie ihm Frühstück mache, oder er war draußen und sah nach, ob sich auf dem Bach vielleicht schon Eis gebildet hatte. Und einen Augenblick lang hatte ich wirklich Angst, er könnte mich vom First des Scheunendaches aus erspähen. Dann schoben sich Bäume dazwischen, und wir gelangten in eine Landschaft, wo sich niemand um uns kümmerte.

Am Gebührenschalter vor der Autobahneinfahrt tat Neil etwas Außergewöhnliches: Er hielt an und ließ mich das Steuer übernehmen. Niemals vorher hatte er genug Vertrauen zu mir gehabt, mich seines

Vaters Wagen fahren zu lassen; er hatte gedacht, es müsse mich bei der Ausübung meiner Fahrkünste hemmen, daß ich nicht wußte, wo Kurbelwelle und Benzinpumpe saßen. Aber jetzt war er ganz friedlich. Er kuschelte sich unter einem alten Regenmantel zusammen, lehnte den Kopf gegen die Metallkante des Fensterrahmens und schlief im Handumdrehen ein. Wir überquerten den Susquehanna auf einer langen, sanft geschwungenen Brücke unterhalb von Harrisburg und fuhren dann bergan, den Alleghanies entgegen. In den Bergen lag Schnee, ein trockenes Stäuben, wie Sand, das über die Straßenoberfläche fegte. Ein Stück weiter gab es Neuschnee, zwei Zoll hoch lag er vielleicht, und die Pflüge hatten noch nicht alle Strecken geräumt. Ich überholte gerade einen Lastwagen in einer ansteigenden Kurve, als unvermutet die geräumte Strecke aufhörte und mir klar war, daß ich in den Zaun schlidderen würde, wenn nicht gar über den Straßenrand hinunter. Das Radio sang: »Teppiche aus Klee will ich dir zu Füßen breiten«, und das Tachometer zeigte hundertzwanzig an. Nichts passierte: Das Auto blieb fest im Schnee stecken, und Neil verschlief die Minute der Gefahr mit himmelwärts gewandtem Gesicht und durch die Nase rasselndem Atem. Das war das erstemal, daß ich einen Gleichaltrigen schnarchen hörte.

Dann kamen wir in eine Tunnellandschaft, und das wechselnde Hell und Dunkel und die hohle

Lautverstärkung weckten Neil auf. Er reckte sich, ließ den Regenmantel auf seine Knie rutschen und zündete sich eine Zigarette an. Und eine Sekunde, nachdem das Streichholz aufgeflammt war, trat für mich der Augenblick ein, der alle folgenden während der langen, gewundenen Bergabfahrt nach Pittsburgh verblassen ließ. Es gab viele Gründe dafür, daß ich so glücklich war. Wir waren auf dem Weg nach Chicago. Ich hatte einen Sonnenaufgang gesehen. Bis jetzt, das mußte Neil zugeben, hatte ich uns sicher gesteuert. Am Ziel wartete ein Mädchen, das mich heiraten würde, wenn ich es darum bäte; aber noch hatten wir eine weite Reise vor uns, viele Stunden und Städte lagen zwischen mir und dieser Begegnung. Und das Licht der Zehn-Uhr-Morgensonne, wie es in der Luft hing oberhalb der Windschutzscheibe, wie es gefiltert wurde von einem dünnen Dunstschleier und ein Loblied sang auf die Verantwortungslosigkeit – es war, als könnte man immer so dahingleiten durch dieses kühle klare Element. Quellender Stolz dehnte einem das Herz, wenn man um sich schaute und sah, wie hoch diese Hügel geworden waren: Pennsylvania, dein Staat – als hättest du es geschafft. Und zu wissen, daß zweimal seit Mitternacht ein Mensch Vertrauen genug zu mir gehabt hatte, an meiner Seite einzuschlafen.

Robert Louis Stevenson

Das fünftägige Fest

Donnerstag, den 25. Juli. – Die Straße war heute ungewöhnlich belebt durch die Gegenwart der Männer von Klein-Makin. Im Durchschnitt sind sie höher gewachsen als die Butaritarier und gingen heute, da Feiertag war, mit gelben Blättern geschmückt und in grellbunter, leuchtender Kleidung umher. Sie sollen, dem Rufe nach, wilder sein, und sind sogar stolz darauf. Ja, uns kam es vor, als stolzierten sie durch die Straßen wie daheim in Inverneß die Hochländer in ihren Trachten, gehoben von dem Bewußtsein ihrer barbarischen Vorzüge.

Nachmittags sah man den Sommersaal gedrängt voll Menschen: andere hatten sich draußen aufgestellt und spähten unter das überhängende Dach ins Innere wie die Kinder daheim in ein Zirkuszelt. Drinnen probte die Makiner Gesellschaft zu dem bevorstehenden Sängerfest. Karaiti saß in der vordersten Reihe, dicht neben den Sängern, und wir wurden (wahrscheinlich zu Ehren der Königin Victoria) aufgefordert, neben ihm Platz zu nehmen. Eine starke, drückende Hitze herrschte unter dem Wellblechdach, und die Luft war schwer vom Duft der Kränze. Die Sänger, um die Hüften mit feinen Matten bekleidet, mit Ringen von Kokosfederbüscheln an den Fingern und gelben Laubkronen im Haar, saßen in Gruppen auf dem Fußboden. Verschiedene Solisten erhoben sich, um Lieder vorzutragen, die den größten Teil des Programmes einnahmen. Allein schon die bloße Gegenwart der Sängergruppen trug, auch wenn sie nicht selbst sangen, sehr zu der Wirkung bei. Sie schlugen den Takt, mimikrierten die anderen, schnitten Grimassen, warfen den Kopf zurück und starrten nach oben, schwangen die Federbüschel an den Fingern, klatschten in die Hände und klopften sich (laut wie eine Blechtrommel) auf die linke Brust; der Rhythmus war vollendet, die Musik barbarisch, aber voll bewußter Kunst. Ich notierte besonders die Kunstgriffe, deren sie sich fortgesetzt bedienten. Ein plötzlicher Wechsel (ich glaube der Tonart) ohne Unterbrechung des Taktes wurde durch ein jähes, dramatisches Erhöhen der Stimme und eine lebhafte allgemeine Gestikulation angekündigt und hervorgehoben. Die Stimmen der Solisten setzten nacheinander rauh und kakophonisch ein, um sich ganz allmählich zu vereinigen, und wurden dann, wenn sie zusammenklangen, von dem voll einfallenden Chor übertönt. Das übliche hastige, bellende, unmelodische Auf und Ab der Stimmen wurde von Zeit zu Zeit unterbrochen und verschönt durch Bruchstücke einer psalmenähnlichen Melodie, die häufig gut komponiert war, oder durch den Kontrast so wirkte. Der Rhythmus wechselte häufig, und den Schluß eines jeden Stückes, wenn die Stimmung wild und toll geworden war, bildete unfehlbar folgendes Motiv:

$$\frac{2}{4} \mid \flat \, \flat \, \flat \mid \flat \, \flat \, \flat \mid \flat \, \flat \, \flat \mid$$

Nur schwer kann man sich das Feuer und die Teufelei vorstellen, die sie in dieses hämmernde Finale hineinlegten; alles rückte zusammen, Stimmen, Hände, Augen, Blätter und flatternde Fingerringe; der Chor wiegte sich im Takt und fesselte die Augen, die Melodie die Ohren; die Gesichter verkrampften sich vor Begeisterung und Anstrengung.

Kurz darauf erhob sich die ganze Gesellschaft, die Trommler bildeten einen Halbkreis um die Solisten. Zuweilen waren es deren fünf, zuweilen mehr. Die Gesänge, die nun folgten, waren noch dramatischer; obwohl ich niemanden hatte, um sie mir zu erklären, konnte ich doch stellenweise in dunklen, aber klar erkennbaren Umrissen eine gewisse Handlung feststellen; unaufhörlich mußte ich dabei an bestimmte turbulente Massenszenen aus der großen Oper daheim denken; genau so klangen die einzelnen Stimmen aus dem Ensemble hervor, um dann wieder in dem Ganzen zu verschwinden; genau so scharten sich die Darsteller zusammen, mit erhobener Hand und rollenden Augen, die zum Himmel – oder der Galerie – aufblickten. Doch ist die hiesige Kunst bereits über das Vorbild der Thespis hinausgewachsen; die Kunst dieses Volkes hat das Embryostadium längst überwunden: Gesang, Tanz, Trommeln, Quartett und Solo – ein ganzes vollentwickeltes Drama, wenn auch en miniature. Unter allen sogenannten Tanzvorführungen in der Südsee, denen ich beigewohnt habe, nimmt die von Butaritari unbestritten den höchsten Platz ein. Die »Hula«, wie sie der durchreisende Globetrotter in Honolulu zu sehen bekommt, ist sicherlich eine der stumpfsinnigsten Erfindungen, die es gibt, der Zuschauer gähnt dabei wie bei einem Hochschulkolleg oder einer Parlamentsdebatte. Der Gilbertinsel-Tanz dagegen regt den Geist an; er elektrisiert und reißt das Publikum mit; er hat das, was aller Kunst innewohnt: eine unerforschliche, zwingende Bedeutung. Wo so viele mitwirken und wo alle (in einem bestimmten Moment) die gleiche rasche, komplizierte und oft willkürliche Bewegung machen, müssen die Proben überaus ermüdend sein. Aber die Leute fangen schon als Kinder an zu üben. Häufig kann man einen Mann und ein Kind in einer Maniap' stehen sehen: Der Mann singt und gestikuliert, das Kind steht tränenüberströmt vor ihm und ahmt zitternd alle seine Bewegungen und Töne nach; das ist der zukünftige Künstler der Gilbert-Insel, der (wie alle Künstler) in Schmerzen seine Kunst erlernt.

Ich scheine indes allzuviel zu loben; hier folge daher eine Stelle aus meiner Frau Tagebuch, die beweisen mag, daß ich nicht der einzige war, der mitgerissen wurde, und die das Bild vervollständigt: – »Der Dirigent gab das Zeichen, und alle Tänzer schwangen die Arme, bewegten die Körper hin und her, und klopften sich in vollendetem Takt auf die Brust und eröffneten damit das Vorspiel. Die Darsteller blieben inzwischen sitzen, ausgenommen zwei, dann wieder drei Solisten, und zweimal ein einzelner Solist. Diese standen aufrecht in der Gruppe, bewegten kaum merklich die Füße und ließen einen leisen, zitternden Rhythmus durch ihre Körper gleiten. Nach dem Vorspiel kam eine kurze Pause, und dann begann die eigentliche Oper – anders kann man es nicht bezeichnen, eine Oper, in der jeder Sänger zugleich ein vollendeter Schauspieler war. Der Held schien in seiner leidenschaftlichen Ekstase, die ihn von Kopf bis zu Fuß durchraste, förmlich verklärt; einmal war es, als fege ein starker Wind über die Bühne – ihre Arme, die federgeschmückten Finger zitterten in einer Bewegung, die auch meine Nerven packte; Köpfe und Körper folgten nach, gleich einem sturmgepeitschten Kornfeld. Mein Blut wurde heiß und wieder kalt, Tränen stiegen mir in die Augen, mein Kopf schwankte, ich fühlte einen fast unwiderstehlichen Drang, mich den

Tänzern anzuschließen. Das eine Drama habe ich, glaube ich, fast ganz verstanden. Ein wilder, blutdürstiger alter Mann spielte die Solorolle. Er sang von der Geburt eines Prinzen, und wie er zärtlich in seiner Mutter Arm gewiegt wurde; von seiner Kindheit, da er seine Kameraden im Schwimmen, Klettern, ja in allen Leibesübungen übertraf; von seiner Jugend, als er mit seinem Boot in See stach und fischen ging; von seiner Mannheit, da er ein Weib nahm, die einen Sohn von ihm in ihren Armen trug. Dann kam der Alarm des Krieges und eine große Schlacht, deren Ausgang eine Zeitlang zweifelhaft war; aber der Held siegte, wie er das immer tut, und mit einem ungeheuren Triumphschrei endete das Stück. Es gab auch humoristische Dramen, die die Leute sehr amüsierten. Während des einen faßte mich ein alter Mann, der hinter mir saß, am Arm, drohte mir schelmisch lächelnd mit dem Finger und sagte kichernd irgendeine Sache, die ich als die Parallele zu etwa den folgenden Worten verstand: »O ihr Weiber, ihr Weiber; so seid ihr alle!« Ich fürchte, sehr schmeichelhaft war die Sache nicht. Kein einziges Mal jedoch auch nur die geringste Spur von der häßlichen Indezenz der östlichen Inseln. Die Musik selbst war mindestens so kunstvoll wie die unsrige, wenn auch auf einer ganz anderen Basis; ein- oder zweimal überraschten mich Anklänge an die beste englische Kirchenmusik, doch war das immer nur ganz vorübergehend. Endlich kam eine längere

Pause, und diesmal sprangen sämtliche Tänzer auf. Mit dem Drama wuchs auch das Interesse. Die Darsteller riefen das Publikum und den Himmel an. Sie berieten miteinander, die Verschwörer drängten sich in einem Haufen zusammen; es war die reinste Oper, die Trommeln schlugen im richtigen Moment, Tenor, Bariton und Baß, alles war vorhanden – nur hatten die Stimmen samt und sonders die gleiche Klangfarbe. Einmal sang eine der Frauen aus den hinteren Reihen mit einer sehr schönen Altstimme, die nur durch einen Nasallaut verunziert wurde; ich habe bemerkt, daß sämtliche Frauen diese Unsitte affektieren. Das andere Mal war ein Knabe von engelhafter Schönheit der Solist, dann wieder wurde ein sechs- bis achtjähriger Junge, ohne Zweifel ein trainiertes Wunderkind, in die Mitte des Kreises gestellt. Der kleine Kerl war anfänglich furchtbar ängstlich und verlegen, doch sang er sich zum Schluß frei und zeigte viel dramatisches Talent. Der wechselnde Ausdruck auf den Gesichtern der Tänzer war so sprechend, daß ich mir sehr dumm vorkam, die Handlung nicht zu verstehen.«

Unser Nachbar bei diesen Vorstellungen, Karaiti, gleicht ein wenig Seiner Majestät in Gesicht und Figur; wie jener ist er dick, bärtig und von orientalischem Typus. Im Charakter ist er jedoch das gerade Gegenteil: aufgeweckt, heiter, jovial, zu Scherzen geneigt und fleißig. Zu Hause auf seiner eigenen Insel arbeitet er selbst wie ein Sklave und treibt sein Volk wie ein Sklavenhalter zur Arbeit an. Für Ideen bezeugt er ein lebhaftes Interesse. George, ein Händler, erzählte ihm einmal von Flugmaschinen. »Ist das auch wirklich wahr, George?« fragte er. »Es steht in der Zeitung«, entgegnete George. »Nun«, sagte Karaiti, »wenn der Mann das mit Maschinen kann, kann ich es ohne sie.« Und er konstruierte ein paar Flügel, schnallte sie sich an die Schultern, sprang in die Luft und plumpste schwerfällig ins Meer. Seine Frauen zogen ihn wieder heraus, denn seine Flügel hinderten ihn am Schwimmen. »George«, sagte er und hielt auf dem Wege nach Hause inne, um sich trockene Kleider anzulegen, »George, du lügst.« Er besaß acht Frauen, denn sein kleines Reich hat noch die alten Sitten treulich bewahrt, allein er wurde sehr verlegen, als man dies meiner Frau erzählte. »Sage ihr aber, daß ich nur eine mitgebracht habe«, meinte er besorgt. Im großen und ganzen gefiel uns der schwarze Douglas außerordentlich, und als wir immer wieder von des Königs Unruhe hörten und uns selbst überzeugten, daß man alle Waffen in dem Sommerpavillon versteckt hatte, sahen wir voller Bewunderung die Ursache all dieser Besorgnis an, die sich auf ihren dikken Beinen mit einem freundlichen Grinsen auf dem breiten Gesicht scheinbar unbewaffnet und jedenfalls ohne Begleitung dahertrollte. Der rote Douglas, der schmerbäuchige Kuma, dagegen blieb, nachdem er von der Orgie gehört hatte, auf seinem Lehen daheim. Seine Vasallen kamen daher führerlos zu dem Fest und vermehrten die Reihen Karaitis.

Freitag, den 26. Juli. – Nachts in der Dunkelheit marschierten die Sänger von Makin vor unserem Hause auf und sangen das Lied der Prinzessin. »Dies ist der Tag; dies ist der Tag, an dem sie geboren wurde; Nei Kamaunava wurde heute geboren – eine schöne Prinzessin, die Königin Butaritaris.« So, erzählte man mir, lautete in endlosen Wiederholungen der Text. Der Gesang war natürlich gänzlich deplaziert und die ganze Vorstellung nur eine Probe. Gleichzeitig war sie aber auch ein Ständchen, eine zarte Aufmerksamkeit unseres neuen Freundes Karaiti für uns.

Sonnabend, den 27. Juli. – Wir hatten eine Vorstellung mit der Laterna magica angekündigt, die in der Kirche stattfinden sollte. Das brachte uns einen Besuch des Königs ein. Zu Ehren des schwarzen Douglas (nehme ich an) war die Anzahl seiner Wachtleute von zwei auf vier erhöht, und die ganze Rotte gab ein sonderbares Bild ab, wie sie in ihren Strohhüten, Röckchen und Jacken im Gänsemarsch hinter ihm dreinmarschierte. Drei trugen ihre Waffen umgekehrt, den Kolben über der Schulter, die Mündungen drohend auf des Königs plumpen Rücken gerichtet; der vierte hatte sein Gewehr um den Hals geschlungen und hielt es mit nach hinten gestreckten Armen auf dem Rücken fest. Der Besuch dauerte über die Maßen lang. Der König sprach ohne sein Elektrisierungsmittel Schnaps kein Wort. Völlig zusammengebrochen saß er auf seinem Stuhl und ließ seine Zigarre ausgehen. Es war heiß, es war schwül, es war bitter langweilig; da blieb einem nichts übrig, als in Tebureimoas Antlitz nach überlebenden Spuren von »Herrn Leiche«, dem Schlächter, zu suchen. Tatsächlich schien seine plump eingedrückte und an der Spitze abgeplattete Hakennase nach mitternächtlichem Mord zu riechen. Als er sich verabschiedete, forderte Maka mich auf zu beobachten, wie er die Treppe oder Leiter hinunterging, die zu der Veranda heraufführte. »Alter Mann«, sagte Maka. »Ja«, erwiderte ich, »und doch ist er wahrscheinlich noch gar nicht so alt.« – »Junger Mann«, lautete Makas Antwort. »Vielleicht vierzig.« Seither habe ich sogar gehört, daß er noch jünger sein soll.

Während die Laterna magica vorgeführt wurde, strich ich im Dunkeln umher. Die Stimme Makas, der aufgeregt die biblischen Bilder erklärte, die gezeigt wurden, schien nicht nur die Kirche, nein, auch die Nachbarschaft zu erfüllen. Alles andere schwieg. Dann hörte man aus der Ferne ein Singen, das immer näher kam, und eine Prozession wand sich den Weg entlang, wobei der heiße, saubere Geruch der Männer und Frauen mich angenehm umfächelte. An der Ecke blieben sie, von Makas Stimme und dem abwechselnden Licht und Dunkel in der Kirche gebannt, stehen. Sie hatten nicht die Absicht, näher zu kommen, das war klar. Es waren offenbar

Leute aus Klein-Makin, wahrscheinlich strenggläubige Heiden, Gegner des Missionars und seiner Werke. Ganz plötzlich jedoch brach ein Mann aus den Reihen los, lief und floh in die Kirche; im nächsten Augenblick waren ihm drei andere gefolgt, dann rannte eine ganze Schar wie ums liebe Leben. So blieb die kleine Bande Heiden unentschlossen an der Ecke stehen und schmolz vor den Lockungen einer Laterna magica wie ein Gletscher in der Sonne. Die Charakterfesten suchten vergeblich die Abtrünnigen aufzuhalten; drei weitere flohen, wenn auch in schuldbewußtem Schweigen, und als der Führer endlich Geistesgegenwart und Autorität wiederfand, um seinen Trupp in Bewegung zu setzen und das Singen von neuem aufzunehmen, war es nur noch ein arg verringertes Häuflein, das mit melodischen Tönen in der Dunkelheit verschwand.

Inzwischen erhellten und verdunkelten sich die leuchtenden Bilder im Innern. Ich stand eine Weile unbemerkt in einer der hinteren Reihen und konnte dicht vor mir ein Liebespärchen beobachten, das der Vorstellung mit Interesse folgte, wobei der Mann den Dolmetsch spielte und (wie schon Adam) seine Zärtlichkeiten in die Erklärungen einflocht. Die wilden Tiere, insbesondere ein Tiger, sowie jener alte, beliebte Schulscherz von dem Schläfer mit der Maus erregten helles Entzücken; der Clou jedoch war die Bilderfolge aus den Evangelien. Maka zeigte sich bei dieser Gelegenheit nach Ansicht seiner tief enttäuschten Gattin nicht im besten Lichte. »Was hat der Mann nur? Weshalb kann er nicht reden!« rief sie. Was den Mann hinderte, war, meiner Meinung nach, die Größe der Gelegenheit, die sich ihm bot; er brach unter seinem Glücke förmlich zusammen. Doch das war einerlei; ob er nun schlecht oder gut redete, die Vorführung dieser frommen »Phantome« brachte tatsächlich jeden Spötter in jener Gegend der Insel zum Schweigen. »Seht doch«, hieß es allgemein, »seht doch, die Bibel ist wirklich wahr!« Als wir später nach Butaritari zurückkehrten, erzählte man uns, daß der Eindruck immer noch lebendig wäre, und daß die, welche die Bilder gesehen hätten, den anderen davon berichteten: »Ja, ja, es ist alles wahr; diese Dinge haben sich alle ereignet, wir haben die Bilder gesehen.« Das Argument ist gar nicht so kindisch, wie es auf den ersten Blick scheint, denn ich bezweifle, ob die Insulaner eine andere Methode der Darstellung als die der Photographie kennen, so daß die Wiedergabe einer Begebenheit (nach dem alten melodramatischen Prinzip, daß eine Kamera nicht lügen kann) in Wahrheit einen starken Beweis bietet. Die Tatsache amüsierte uns um so mehr, als unsere Bilder zum Teil lächerlich komisch waren und das eine (Christus vor Pilatus) mit brüllendem Gelächter aufgenommen wurde, in das selbst Maka notgedrungen mit einstimmen mußte.

Sonntag, den 28. Juli. – Karaiti erschien heute

und ersuchte um eine Wiederholung der »Phantome« – das war jetzt der allgemein anerkannte Ausdruck – und kehrte dann, nachdem wir es ihm versprochen hatten, unserem bescheidenen Hause ohne auch nur den Schatten eines Grußes den Rücken. Ich fühlte, daß es unpolitisch gewesen wäre, wenn ich mir den Anschein gegeben hätte, als steckte ich stillschweigend eine Beleidigung ein; dazu hatten wir allzu schwierige Zeiten durchgemacht, und der Königin Victoria Sohn war verpflichtet, die Ehre des Hauses zu wahren. Karaiti wurde daher noch am gleichen Abend zu den Ricks beschieden, wo Mrs. Ricks ihn tüchtig herunterputzte, und der Sohn der Königin Victoria ihn mit indignierten Blicken traktierte. Ich war in der Tat der Esel in der Löwenhaut; brüllen konnte ich in der Sprache der Gilbert-Inseln nicht, aber ich konnte Blicke schießen. Karaiti erklärte darauf, er hätte nichts Böses im Sinne gehabt, entschuldigte sich in einer aufrichtigen, herzlichen, durchaus kavaliermäßigen Art und wurde sofort wieder er selbst. Dann ließ er sich einen Dolch hereinbringen, für den er sich interessierte, und sagte, er würde morgen wiederkommen, um ihn abzuschätzen; heute wäre Sonntag. Diese Gewissensskrupel bei einem Wilden, der acht Frauen hatte, setzten mich einigermaßen in Erstaunen. Der Dolch, meinte er schelmisch, »sei gut, um Fische zu töten«; dabei hatte er zweibeinige Fische im Sinn. Sonderbar, daß »Fische« in Ost-Polynesien eine gebräuchliche euphemistische Bezeichnung für Menschenopfer sind. Als wir ihn nach der Bevölkerungszahl seiner Insel fragten, rief er seine Vasallen herein, die draußen vor der Tür warteten, und sie schätzten sie auf vierhundertundfünfzig Seelen, doch werden es dank Karaitis Jovialität bald mehr sein, denn sämtliche Frauen der Insel sind von ihm in anderen Umständen. Lange bevor wir auseinandergingen, hatte ich seine Beleidigung vergessen, er jedoch behielt sie im Sinn und stattete uns am nächsten Tage, einer besonders liebenswürdigen Eingebung folgend, einen langen Besuch ab, nach dessen Verlauf er sich mit größtem Zeremoniell verabschiedete.

Montag, den 29. Juli. – Endlich war der große Tag gekommen. In den ersten Nachtstunden wurden wir durch Händeklatschen und durch den Gesang auf Nei Kamaunava aufgeschreckt; die melancholischen, getragenen und etwas drohenden Klänge wurden von Zeit zu Zeit durch einen markerschütternden Schrei unterbrochen. Dabei sahen wir das kleine Stückchen Mensch, dem zuliebe diese mitternächtliche Ehrung stattfand, am nächsten Mittag splitterhagelnackt und anscheinend ebenso unbeobachtet und unbesorgt auf der Wiese spielen.

Der Sommersaal auf dem künstlichen Inselchen hob sich scharf gegen die schimmernde Lagune ab und glänzte mit seinem Wellblech in der Sonne. Heute umdrängten ihn von morgens früh bis abends spät neugierige Männer und Frauen. Drinnen stauten sich Insulaner jeden Alters und jeder Größe, in jedem Stadium der Nacktheit und des Putzes. So dicht hockten wir übereinander, daß ich einmal eine mehr als hübsche Frau auf dem Schoß hielt, während zwei nackte kleine Buben ihre Füße gegen meinen Rücken stemmten. Dort sah man eine Matrone in voller Toilette, mit Holoku und Blumenhut, während ihre Nachbarin im nächsten Augenblick einen winzigen Fetzen Hemd von ihren fetten Schultern streifte und sich als ein Monument an Fleisch entpuppte, das von dem haarschmalen Ridi eher enthüllt als geschützt wurde. Kleine Fräulein, die sich für viel zu vornehm hielten, um an einem so hohen Festtage nackt zu gehen, sah man draußen im hellen Sonnenschein stehenbleiben, ihre Miniaturridis in der Hand; einen Augenblick später betraten sie dann in vollem Schmuck den Konzertsaal.

An den beiden Enden lösten sich abwechselnd die verschiedenen Sängergruppen ab: Kuma und Klein-Makin am Nordende, Butaritari und die angrenzenden Dörfer im Süden, beide Parteien in vollem barbarischen Aufputz. In der Mitte zwischen diesen rivalisierenden Troubadourlagern stand eine Bank. Hier thronten zwei bis drei Fuß über dem dichtgedrängten Publikum der König und die Königin – Tebureimoa wie gewöhnlich in seinen gestreiften Pyjamas mit einem Ledersäckchen über der einen Schulter, das (nach Inselart) zweifellos seine Pistolen enthielt; die Königin in einem purpurfarbenen Holoku mit wallenden, heruntergelassenen Haaren, einen Fächer in der Hand. Die Bank war in wohlerwogener Rücksicht mit der Front zu den auswärtigen Gästen gestellt, und wenn die Reihe, zu singen, an die Butaritari-Leute kam, mußte das Paar sich umdrehen und zeigte uns seine breiten Rücken. Gelegentlich trösteten sich die Majestäten mit einem Lehmpfeifchen, während der Pomp und die Galafeierlichkeit durch Abfeuern der Gewehre einer Abteilung Garde erhöht wurde.

So hockten wir vor dem Angesicht des Herrscherpaares auf dem Boden und lauschten verschiedenen Gesängen von der einen wie von der anderen Partei. Dann zogen sich die Majestäten mit ihrer Garde zurück, und der Königin Victoria Sohn und Schwiegertochter wurden durch Akklamation auf den leeren Thron berufen. Unser Stolz wurde allerdings ein wenig gedämpft, da sich ein gewisser Tunichtgut von einem Weißen auf unserem hohen Platze zu uns gesellte, und doch war es mir auf der anderen Seite wieder ganz lieb, denn der Mann kannte ein wenig die Inselsprache und konnte mir eine Ahnung von dem Inhalt der Gesänge vermitteln. Der eine war patriotisch und forderte König Tembinok von Apemama, das Schreckgespenst der ganzen Inselgruppe, heraus, in Butaritari zu landen. Der andere handelte von der Tarosaat und Ernte. Noch andere waren historisch und feierten verstorbene Könige und ihre alten Heldentaten, wie zum Beispiel ein großes

Wettrinken oder eine Schlacht. Einer zum mindesten behandelte ein häusliches Drama, das von einer Truppe aus Makin glänzend aufgeführt wurde. Es handelte von einem Mann, dessen Frau gestorben war, und der anfänglich ihren Verlust beweint, sich dann aber eine andere nimmt; die ersten Gesänge (oder Akte) wurden ausschließlich von Männern vorgetragen, gegen Schluß trat jedoch eine Frau auf, die auch erst kürzlich ihren Gatten verloren hatte, und ich glaube, das Paar tröstete sich gegenseitig, denn das Finale schien glücklich zu sein. Bezüglich der Lieder erklärte mir mein Cicerone summarisch, daß sie von »Weibern« handelten, was ich freilich auch ohne ihn erraten hatte. Ich muß noch hinzufügen, daß jede Partei durch eine oder zwei Frauen verstärkt wurde. Die Frauen wirkten stets als Solisten mit und nahmen nicht häufig an der Vorstellung teil, sondern hielten sich meist im Hintergrunde der Bühne auf; in ihren Ridi, Halsketten und Frisuren glichen sie europäischen Balletteusen, wie ein Ei dem anderen. Immer wenn die Vorstellung sich irgendwie in die Länge zog, traten diese Damen vor, und es war seltsam anzusehen, wie die Primaballerina nach jedem Auftreten scheinbar von Scham überwältigt war, als hätte sie sich weit über das Maß dessen, was sie beabsichtigte, hinreißen lassen, und wie ihre männlichen Kollegen sie zum Schein gleich jemandem, der sich mit Schande bedeckt hat, von der Bühne vertrieben. Ähnliche Manöver begleiten auch die wahrhaft obszönen Tänze auf Samoa; dort sind sie in der Tat auch am Platze. Hier ist es aber ganz anders. Die Worte in dieser ungenierten Welt waren wohl so deutlich, daß sie einen Kutscher hätten erröten lassen, das Zweideutige an der ganzen Sache war die gespielte Scham. Für derartige Rollen zeigten die Frauen eine gewisse Begabung; sie waren keck, zierlich, akrobatisch, mitunter wirklich amüsant und manchmal auch hübsch. Doch hat das nichts mit echter Kunst zu tun: Ein ganzer Himmel liegt zwischen diesem Herumtanzen und Augenschmeißen und den fremdartigen rhythmischen Gebärden, seltsamen, verzückten, rasenden Gesichtern der besten männlichen Tänzer, die uns während jenes Gilbertinselballetts wie unter einem Zauberbanne hielten.

Fast von Anfang an war es klar, daß die Butaritari-Leute unterlegen waren. Vielleicht würde ich ihre Leistungen sogar für gut gehalten haben, hätte ich nicht gleichzeitig die zweite Truppe vor Augen gchabt, die mich dauernd an das »gewisse Etwas, das doch so unendlich viel bedeutet« gemahnte. Als der Chor von Butaritari erkannte, daß er dem anderen nicht gewachsen war, wurde er verwirrt, machte Fehler und brach zusammen; in diesem Wirrwarr von fremdartigen Rhythmen hätte ich selbst das Versagen wahrscheinlich gar nicht bemerkt, wenn nicht das Publikum sich sofort eingemischt und zu spotten angefangen hätte. Um allem die Krone aufzusetzen, begann die Makin-Gesellschaft jetzt einen Tanz von wirklich überragender Qualität. Ich weiß nicht, wovon er handelte, denn ich war viel zu sehr gefesselt, um Fragen zu stellen. In dem einen Akt erzielte der Chor durch fortgesetztes Kreischen in einem seltsamen Falsett eine Wirkung ähnlich der eines europäischen Orchesters; in einem anderen hüpften die Tänzer wie die Springteufelchen auf und nieder und breiteten die Arme aus, um dann mit fabelhafter Schnelligkeit, Behendigkeit und Komik aus der Reihe hervorzubrechen und durcheinanderzulaufen. Eine humoristischere Wirkung habe ich niemals erlebt. In jedem europäischen Theater hätte das Publikum gerast, und diese Insulaner-Zuhörerschaft brüllte vor Lachen und Beifall. Damit war aber das Maß der Konkurrenztruppe voll, sie vergaß sich selbst und allen Anstand. Nach jedem Akt oder jeder Tanzfigur pflegten sich die Darsteller einen Augenblick auszuruhen, und die nächste Nummer wurde durch ein Händeklatschen im Dreivierteltakt eingeleitet. Erst wenn sich das ganze Ballettkorps gesetzt hatte, bedeutete das für ihre Rivalen das Zeichen, sich zu erheben. Jetzt aber wurden alle Regeln durchbrochen. In der Pause nach dem stürmischen Applaus sprang die Truppe von Butaritari plötzlich auf und eröffnete in höchst unnobler Weise für sich eine Vorstellung. Die gaffenden Blicke der Männer von Makin waren recht drollig; mit der gleichen verdutzten Würde habe ich in Europa einen Tenor so das zischende Publikum anstarren sehen; doch zu meiner Überraschung faßten sie sich bald, verzichteten auf den ungesungenen Teil ihres Balletts, nahmen ihre Plätze ein und ließen ihre unritterlichen Gegner die Sache zu Ende führen. Doch damit nicht genug. In der ersten Pause kam Butaritari wieder dazwischen; aufgebracht folgte Makin diesem Beispiel, und beide Tänzergruppen blieben stehen, klatschten fortwährend in die Hände und fielen einander bei jeder Gelegenheit in ihr Spiel. Jeden Augenblick erwartete ich, daß es zu Schlägen kommen würde; dabei war unsere Lage in der Mitte zwischen beiden strategisch äußerst unvorteilhaft. Allein die Makin-Leute besannen sich eines Besseren; bei der nächsten Unterbrechung machten sie kehrt und marschierten hinaus. Wir folgten ihnen, einmal weil sie die wahren Künstler, dann auch weil sie die Gäste waren und man sie schäbig behandelt hatte. Ein großer Teil unserer Nachbarn tat das gleiche, so daß sich der Gang von einem bis zum anderen Ende mit den Ausreißern füllte und der Chor von Butaritari allein zurückblieb, um zu seinem eigenen Vergnügen vor einem leeren Haus zu singen. So hatten sie zwar den Kampf gewonnen, ihr Publikum jedoch verloren. Ein Glück war es, daß niemand betrunken war; doch frage ich, wo sonst, ob betrunken oder nüchtern, hätte sich eine so aufreizende Szene abspielen können, ohne mit einer Prügelei zu enden?

Die letzte Phase und der letzte Ruhm dieses glorreichen Tages gehörten uns – dank der zweiten und wirklich unwiderruflich letzten Aufführung der »Phantome«. Rings um die Kirche hatten sich in der Dunkelheit Gruppen von Menschen gelagert, ohne irgend etwas sehen zu können; vielleicht schämten sie sich, einzutreten, sicherlich bereitete ihnen die bloße Nachbarschaft schon ein gewisses Vergnügen. Das Innere des Riesenschuppens war etwa zur Hälfte dicht gedrängt voll Menschen. In der Mitte auf dem königlichen Podium qualmte und leuchtete die Laterne; ihre trüben Strahlen fielen auf das feierliche Gesicht unseres Chinesen, der voll Biereifer eine Drehorgel drehte; ein matter Schein traf die Dachbalken und zeichnete ihre Schatten in die Deckenwölbung. Die Bilder tauchten auf der Leinwand auf und verschwanden wieder, und mit jedem neuen Bild kam eine Stille und durchlief ein Flüstern, ein Schauer und ein Rauschen die Menge, und ein Chor leiser Ausrufe wurde laut. Neben mir saß der Maat eines gestrandeten Schoners. »'ne sonderbare Sache würden sie das in Europa oder in den Staaten finden«, meinte er, »so 'ne Vorstellung in einem Gebäude, das nur mit Endchen von Bindfaden zusammengehalten ist.«

Ludwig Thoma

Das Waldfest

Am Sonntag ist das Waldfest von der Liedertafel gewesen.

Der Seitz und der Knilling sind herumgelaufen und haben die Einladungen gebracht.

Bei uns sind sie auch gewesen. Meine Mutter hat sie in das schöne Zimmer gelassen, und Ännchen und Cora sind hinein, und ich bin auch hinein.

Der Seitz und der Knilling sind auf das Kanapee gesessen und haben die Zylinder auf die Knie gestellt. Der Seitz hat seine Augen herausgehängt, und wenn er geredet hat, hat er den Mund spitzig gemacht, als ob er pfeift.

Der Seitz hat gesagt, er hofft, daß wir das Fest verschönern, und meine Mutter hat gesagt, daß wir es tun. Der Lehrer Knilling hat gesagt, man glaubt allgemein, es wird eine gelungene Veranstaltung.

Da hat meine Mutter gesagt, man ist es bei der Liedertafel gewohnt, daß es gelungen wird.

Ännchen hat gefragt, ob vielleicht auch getanzt wird. Da hat der Seitz geschaut, als ob er einem armen Kind was schenkt, und hat gesagt, es wird getanzt.

Da ist Ännchen ein bißchen gehupft, daß man ihre Freude sieht, und hat in die Hände gepatscht, und hat gerufen, es wird herrlich.

Meine Mutter hat gelacht und hat gesagt, das Mädchen freut sich so. Dann hat der Knilling gesagt, daß hoffentlich das Wetter schön bleibt, aber man weiß es nicht, bloß der Barometer geht noch hinauf. Dann sind sie fort.

Wie sie draußen waren, hat Ännchen mit der Cora herumgetanzt, und sie haben gelacht.

Die Mädchen tun ganz närrisch, wenn sie sich auf etwas freuen.

Ich kann es nicht leiden, aber ich habe heute nichts gesagt. Ich bin zum Reiser Franz, und ich habe ihm gesagt, daß wir alle zum Waldfest gehen, und ob er auch mitgeht.

Er hat gesagt, er kommt.

Am Sonntag ist es losgegangen. Nach dem Essen hat sich die Liedertafel auf dem Platz aufgestellt. Zuerst ist der Kaufmann Heinrich gekommen, mit der Fahne, und neben ihm ist der Seitz und auf der anderen Seite ist der Knilling gegangen. Sie haben Schärpen umgehabt, und sie haben geschwitzt, weil sie furchtbar gelaufen sind, wenn wieder wer gekommen ist.

Sie haben die Leute aufgestellt und sind immer auf und ab, daß man in Reih und Glied geblieben ist, und haben der Musik was angeschafft, und wenn sie vorne gewesen sind, hat hinten wer gerufen, daß sie haben furchtbar laufen müssen, und wenn den Seitz wer gefragt hat, ob es bald losgeht, hat er gezappelt und hat gerufen, er wird noch kaputt. Und der Knilling hat immer geschrien, man muß in Reih und Glied bleiben, bis der Zug aus der Stadt ist, dann darf man auseinandergehen. Wie wir gekommen sind, ist der Seitz zu uns her und hat gesagt, daß meine Mutter fahren darf, und die jungen Damen haben einen schönen Platz bald hinter der Musik, aber er kann leider nicht bei ihnen sein, bis man aus der Stadt ist, weil er neben der Fahne gehen muß.

Ich war zuerst bei ihnen, aber wie der Reiser Franz gekommen ist, bin ich zu ihm. Ich habe gesagt, wir wollen mit Ännchen und Cora marschieren, aber er hat nicht mögen, weil es so weit vorn war.

Da haben wir uns hinten aufgestellt, und ich habe meine Mutter gesehen. Sie ist im Wagen gesessen neben der Frau Notar, und sie hat gelacht. Ich und der Franz sind zu ihr hin, und sie hat gesagt, sie freut sich, daß ich mit dem Herrn Reiser marschiere, und ich soll anständig sein, und es ist schön, und wo die Mädchen sind. Ich habe gesagt, sie stehen gleich hinter der Musik.

Sie ist aufgestanden und hat hingeschaut und hat

ihnen mit dem Sonnenschirm gewunken, und die Cora hat es gesehen und hat gerufen hurrah! und hat mit dem Sacktuch gewunken. Meine Mutter war ganz lustig, und sie hat gesagt, es wird ein wunderschönes Fest, und die Herren waren so freundlich zu ihr, und es ist auch so nett, daß der Herr Reiser mit mir geht. Wir sind wieder auf unsern Platz, und der Franz hat zu mir gesagt, daß meine Mutter eine gescheite Frau ist, und sie glaubt nicht, daß bloß die Studierten etwas sind.

Der Onkel Pepi war auch da mit der Tante Elis, und die Tante hat immer nach dem Wagen geschaut, wo meine Mutter gesessen ist, und man hat gesehen, daß sie den Onkel Pepi schimpft, und die Federn auf ihrem Hut haben so gezittert.

Sie hat sich geärgert, daß sie nicht auch fahren darf.

Vor uns ist die Tante Theres mit der Rosa gestanden. Jedesmal, wenn der Seitz vorbeigelaufen ist, haben sie ihm gerufen, aber er hat sie nicht gehört, weil es ihm pressiert hat.

Da hat die Tante Theres gesagt, daß es sehr auffallend ist, und wie der Seitz wieder vorbei ist, hat sie gesagt, es ist ungezogen.

Die Rosa hat sie gezupft und hat ihr gezeigt, daß ich hinten stehe. Das habe ich gemerkt.

Es ist schon viertel über zwei gewesen, und es hat aber geheißen, daß es Punkt zwei Uhr losgeht.

Die Leute haben gebrummt, und der Sattler Weiß

hat laut gerufen, ob man vielleicht auf die Beamten warten muß. Da hat der Onkel Pepi auch gerufen, es ist ordinär. Aber hat gleich geschnupft und hat getan, als wenn er es nicht war, weil die Leute sich umgedreht haben.

Der Seitz ist ganz rot gewesen und hat immer seine Uhr herausgezogen, und der Knilling hat immer die Achseln gezuckt, daß man sieht, er kann nichts dafür.

Auf einmal ist schnell ein Wagen gekommen. Da war der Bezirksamtmann darin und der Bürgermeister. Der Seitz ist zu ihnen gelaufen, und der Bezirksamtmann hat mit ihm geredet, und dann ist der Knilling hingelaufen, und dann sind sie wieder vorgelaufen zu der Musik. Der Kaufmann Heinrich hat die Fahne aufgehoben, und der Seitz hat kommandiert: vorwärts marsch! Da hat die Musik gespielt, und wir sind marschiert. Viele Leute haben von den Fenstern heruntergeschaut und haben gegrüßt, und vor den Türen sind auch viele Leute gestanden, und der Kaufmann Heinrich hat die Fahne geschwenkt, und wie wir in der langen Gasse waren, hat die Musik furchtbar laut getan, weil sie so eng ist. Beim Landsberger Tor ist die Musik auf die Seite gegangen und hat geblasen, bis wir alle draußen waren, und dann ist der Zug auseinander.

Ich habe zum Franz gesagt, wir wollen vorgehen, daß wir zum Ännchen und zur Cora hinkommen, aber da ist schon der Seitz und der Knilling dagewesen, und der Seitz hat der Cora ihren Mantel getragen.

Wir sind an der Cora vorbei, und sie hat gelacht. Der Franz hat mich gefragt, ob ich es gehört habe.

Ich habe gesagt, ich habe es schon gehört. Da hat er gesagt, vielleicht hat sie ihn ausgelacht.

Ich habe gesagt, die Mädchen lachen überhaupt immer; sie lachen wegen nichts, bloß wenn sie sich anschauen.

Der Franz hat nichts mehr gesagt, und wir sind schnell gegangen, daß wir weit vorgekommen sind. Im Wald war ein Platz hergerichtet mit Tische und Bänke und Fahnen und Lampions.

Der Franz hat gesagt, ich soll dableiben, aber er will noch weiter in den Wald gehen. Ich habe gefragt, warum. Es gibt doch jetzt Bier und Würste, und die Musik kommt auch gleich.

Er hat gesagt, es ist im Wald viel schöner, wenn es still ist, und er mag lieber die Vögel hören als die dummen Menschen. Er ist über einen Graben gesprungen und war gleich fort.

Ich habe nachlaufen gewollt, aber da habe ich gedacht, daß es Bier gibt und Würste.

Meine Mutter ist mit ihrem Wagen gleich hinter dem Bezirksamtmann gefahren. Sie ist ausgestiegen, und wir haben einen Tisch besetzt und haben immer geschaut, ob die Mädchen kommen, und sie waren auch bald da.

Meine Mutter hat gesagt, sie müssen ihre Mäntel

anziehen, weil sie erhitzt sind, und der Seitz hat gesagt, die Temperatur im Wald ist kühl, und er hat der Cora helfen wollen. Aber sie hat nicht mögen, und wir haben uns hingesetzt.

Dann ist der Onkel Pepi gekommen, und meine Mutter hat gesagt, er soll sich mit Tante Elis zu uns setzen.

Die Tante Elis hat gesagt, sie stört vielleicht. Aber sie hat sich doch hingesetzt, und dann ist noch die Tante Theres mit der Rosa gekommen. Der Seitz und der Knilling und ich haben Bier geholt und Würste und Butter und Käs.

Wir haben gegessen und getrunken; bloß die Tante hat nichts mögen. Sie hat die Wurst zurückgeschoben und dann hat ihr der Onkel Pepi einen Käs hingestellt, und sie hat den Käs weggestoßen und hat gesagt, sie ist erschöpft. Meine Mutter hat gefragt, von was sie erschöpft ist. Da haben der Tante Elis ihre Federn gezittert, und sie hat gesagt, von dem weiten Weg.

Meine Mutter hat gefragt, von dem weiten Weg? Die Tante hat gesagt, ja, von dem weiten Weg, aber wenn man im Wagen sitzt, merkt man es nicht, daß der Weg weit ist.

Der Knilling hat gesagt, es ist schade, daß sie bloß einen Wagen gekriegt haben, sonst hätte die Tante auch fahren dürfen.

Die Tante hat den Kopf zu ihm hingedreht und hat ganz langsam gefragt, wer hat dürfen?

Sie! hat der Knilling gesagt.

Da hat die Tante gefragt, ob er glaubt, daß sie eine Gnade haben will, oder ob er glaubt, daß sie eine Barmherzigkeit mag, oder ob er nicht glaubt, daß sie lieber geht.

Da hat der Knilling nichts mehr gewußt, aber der Onkel Pepi hat gesagt, man muß nicht glauben, daß die Tante furchtbar erschöpft ist, und sie wird gleich gesund.

Da hat ihn die Tante angeschaut, als wenn sie ihn nicht kennt, und sie hat ihre Augen ganz furchtbar gemacht.

Der Onkel hat seinen Krug genommen, daß er sie nicht mehr sieht, und er hat lang getrunken.

Aber die Tante hat nicht weggeschaut, und da hat der Onkel Pepi den Knilling gefragt, wie viele Lampions aufgehängt sind, und er hat sich umgedreht und sie gezählt.

Aber wie er fertig war, hat die Tante immer noch geschaut.

Der Seitz ist neben mir gesessen, und auf der andern Seite ist Ännchen gesessen und die Cora, und neben der Cora ist meine Mutter gesessen.

Der Seitz hat gesagt, daß ein Wald so poetisch ist, und ob es die Cora merkt.

Sie hat gelacht und hat gesagt, warum er glaubt, daß bloß er es merkt. Er meint es nicht so, hat er gesagt, sondern weil sie von Indien ist. – Sie hat gesagt, ob er glaubt, daß man in Indien nicht poetisch ist.

Der Seitz hat seine Augen hinaushängen lassen und hat gesagt, er glaubt, daß Indien noch poetischer ist wie Deutschland.

Die Cora hat gefragt, wie er glaubt, daß es in Indien ist.

Der Seitz hat gesagt, es ist in Indien prachtvoller, und die Blumen sind viel größer, und man liegt unten in einer Hängematte, und oben fliegen die Papageie. Die Cora hat gelacht, und sie hat gesagt, das ist wahr, und der Herr Apotheker kennt es gut, aber es gibt noch mehr in Indien.

Zum Beispiel die Lotosblumen, wenn der Mond darauf scheint, und die Palmen, die so hin und her schaukeln, und die gefleckten Tiger, die bei Nacht brüllen.

Der Seitz hat gesagt, man muß eine glühende Phantasie haben, daß man sich Indien vorstellt; er glaubt, es ist ein Zauberland.

Da hat die Tante Theres gesagt, sie hat gehört, daß der Pfeffer dort wachst, und es kann doch gar nicht so schön sein, weil man zu schlechten Leuten sagt, sie sollen hingehen, wo der Pfeffer wachst.

Auf einmal hat die Trompete ein Zeichen geblasen, und der Seitz ist geschwind aufgestanden, und der Knilling auch. Sie haben gesagt, es kommt jetzt ein Gesang.

Der Onkel Pepi ist auch aufgestanden, aber er ist nicht zum Singen gegangen, sondern er hat sich ein Bier geholt, und wie er gekommen ist, hat die Tante

Elis gesagt, es ist schon die dritte. Der Onkel hat sich weiter hinunter gesetzt, daß er nicht so nah bei ihr ist. Da hat die Liedertafel angefangen. Der Knilling ist in der Mitte gestanden und hat die Arme links und rechts getan und hinauf und hinunter getan.

Wenn sie haben still singen müssen, hat er mit die Hände so gemacht, als wenn er einen Schwamm ausdrückt, und wenn es hat laut tun müssen, ist er mit die Fäuste in die Luft gefahren. Rechts vom Knilling ist der Seitz gewesen und die anderen, die hoch gesungen haben. Sie haben laut geschrien und haben den Mund weit aufgerissen, aber die links vom Knilling waren, haben tief gesungen und haben beim Singen immer den Hals in den Kragen gereckt und haben den Mund nicht so weit aufgerissen, sondern haben ihn rund gemacht.

Sie haben gesungen, wer den schönen Wald gebaut hat, und wie es fertig war, haben alle Leute gepatscht, und da haben sie etwas Lustiges gesungen, wo es immer geheißen hat, Mädle, ruck, ruck, ruck!

Der Seitz hat immer mit dem Kopf gewackelt, wenn er ruck, ruck, ruck geschrien hat, und hat auf unsern Tisch geschaut.

Ännchen hat die Cora angestoßen, und die Cora hat Ännchen angestoßen, und auf einmal hat die Cora lachen müssen und hat ihr Sacktuch in den Mund gesteckt, und Ännchen hat getrunken, aber sie hat sich verschluckt und hat wieder alles ausgespuckt, weil sie gelacht hat. Meine Mutter hat gesagt, aber Ännchen, und die Tante Theres hat gesagt, das ist stark.

Sie hat getan, als wenn sie bei einem Verbrechen dabei ist, und die Rosa hat sich für unser Ännchen geschämt, und hat die Augen gar nicht mehr aufgemacht. Die Cora hat wieder ganz ernst geschaut, und Ännchen auch, und sie waren rot. Da hat aber der Seitz wieder geschrien ruck, ruck, ruck und hat wieder mit dem Kopf gewackelt, und da hat Ännchen sich unter den Tisch gebückt, und Cora auch, und sie haben ganz gezittert, daß man gemerkt hat, wie sie lachen.

Meine Mutter hat gefragt, Kindchen, was ist das nur? Aber jetzt ist der Gesang aus gewesen, und der Knilling und der Seitz sind wiedergekommen. Meine Mutter hat gesagt, das war schön, und der Onkel Pepi hat geschrien bravo.

Aber er ist gleich still gewesen, weil ihn die Tante mit dem Auge getroffen hat.

Ich habe auf einmal den Reiser Franz gesehen; er ist oben im Wald gestanden und hat hergeschaut. Ich bin zu ihm gegangen und habe gesagt, er soll bei uns sitzen. Zuerst hat er nicht wollen, aber er ist doch mit, und meine Mutter hat freundlich gelacht und hat gefragt, wo er gewesen ist.

Er hat gesagt, er ist im Wald gewesen. Da habe ich gesagt, der Franz mag es viel lieber, wenn ein Vogel singt, als wenn die dummen Menschen reden. Woher hast du solche Redensarten? hat meine Mutter gefragt.

Ich habe gesagt, ich weiß es, daß er lieber einen Vogel hört. Der Franz ist rot geworden, weil die Cora so gelacht hat, und er hat sich ganz ans Eck hingesetzt neben mich.

Ich habe zu Cora gesagt, ob sie nicht sieht, wie stark der Franz ist, und er kann jeden Bräuburschen hinschmeißen. Der Franz hat mich mit dem Fuß angestoßen, aber ich habe nicht aufgehört, und ich habe gesagt, der Franz kann auch furchtbar gut springen, und wenn er will, kann er einen furchtbar hauen.

Die Cora hat gelacht, und der Franz hat mich auf den Fuß getreten, und er ist immer mit seiner Hand durch die Haare gefahren.

Ich glaube, es ist ihm nicht recht gewesen. Die Trompete hat wieder ein Zeichen gemacht, daß die Liedertafel singt, und der Knilling und der Seitz sind weg.

Der Franz ist auch weg, weil er ein Bier geholt hat. Er hat aber zwei gebracht, und da hat Tante Theres gleich gefragt, ob er so viel braucht, weil er Bierbrauer ist.

Sie kann ihn nicht leiden, und sie hat es mit Fleiß getan.

Alle haben den Franz angeschaut, und er ist ganz rot gewesen, aber wie sie weggeschaut haben, hat der Onkel einen Krug ganz heimlich genommen. Da habe ich es gesagt, daß eins für den Onkel gehört hat, und der Onkel hat mich unter dem Tisch gestoßen, aber ich habe es noch einmal gesagt. Die Tante Elis hat hinten herum geschaut und hat gerufen: Josef!

Der Onkel hat gefragt, was?

Sie hat gesagt, er soll nicht fragen, es ist die vierte.

Da hat er gebrummt, er weiß schon, und er braucht keine Bieruhr nicht. Sie hat es probiert, ob sie ihn nicht anschauen kann, aber er hat sich hinter dem Franz versteckt, und da hat sie wieder gerufen: Josef, und er hat gesagt ja. Da hat sie gefragt, ob er meint, daß sie eine Bieruhr ist.

Er hat gesagt, er meint es nicht. Aber sie hat ganz laut geredet und hat gesagt, sie ist keine Bieruhr nicht, und vielleicht muß man nicht so viel trinken. Der Onkel hat nichts gesagt, aber meine Mutter hat Pst gemacht, weil die Liedertafel anfangt. Da hat die Tante Elis noch gesagt, sie will ihn daheim fragen, ob sie eine Bieruhr ist, und dann ist sie still gewesen, und die Liedertafel hat gesungen.

Wie sie fertig gewesen sind, hat Ännchen den Knilling gefragt, ob man nicht bald tanzt.

Der Knilling hat gesagt, sie muß den Seitz bitten, und Ännchen hat die Hände aufgehoben und hat gesagt, bitte, bitte, und die Rosa hat es auch getan, und die Cora hat gesagt, o ja, er soll tanzen lassen.

Der Seitz hat ein Gesicht gemacht, als wenn er es

überlegen muß, und dann hat er gesagt, er laßt sie tanzen.

Er hat die Cora fortgeführt, und der Knilling ist mit Ännchen gegangen, und an allen Tischen sind die Leute aufgestanden. Es ist ein Bretterboden dagewesen, und da haben sie getanzt.

Ich habe Obacht gegeben, wie sie es machen, aber alle machen es anders. Der Seitz ist furchtbar gehüpft, und dann ist er stehengeblieben und hat das Wasser von seiner Glatze getan, und dann ist er wieder gehüpft, bis sie wieder naß war.

Viele haben die Mädchen weit weg gehalten, aber viele haben sie auch nah dabei gehabt, und viele haben sich schnell gedreht, aber der Sattler Weiß hat sich langsam gedreht, als wenn er auf einer Spieldose steht.

Meine Mutter ist neben mir gewesen, und sie hat Obacht gegeben, ob unser Ännchen nicht kommt, und wenn sie mit dem Knilling vorbeigetanzt ist, hat ihr meine Mutter gewunken.

Ich habe geschaut, wo der Franz ist. Er ist aber am Tisch gesessen neben dem Onkel Pepi, und er hat nicht hergeschaut.

Da hat die Musik aufgehört, und die Mädchen haben sich bei die Herren eingehängt und sind zu ihre Tische.

Bei uns ist auf einmal der Assessor Bogner gewesen und der Amtsrichter Reinhardt. Der Seitz hat sie hingeführt, und er hat gesagt, er stellt ihnen hierdurch die Nichte von Frau Thoma vor, sie ist aus Bombay in Indien und auf Besuch.

Er hat getan, als wenn er in einer Menascherie ist und etwas erklärt, und er ist ganz stolz gewesen.

Die Cora hat gelacht und hat freundlich mit dem Kopf genickt, aber der Bogner hat sich gebückt, als wenn er auf den Tisch fallen muß, und hat gesagt, es ist sehr angenehm.

Der Reinhardt ist ein Offizier. Wenn dem Prinzregenten sein Geburtstag ist, geht er mit die Uniform auf dem Standplatz auf und ab, und er läßt seinen Säbel hängen, daß er auf die Steine scheppert.

Ich und der Franz mögen ihn nicht, weil er ein rundes Glas in ein Auge steckt und so dumm schaut.

Der Franz sagt, er ist ekelhaft, und ich habe beim Schreiner Werkmeister hinter dem Zaun mit einem Apfel auf ihn geschmissen, wie er in den Laden vom Buchbinder Stettner hineingeschaut hat.

Er ist geplatzt, weil er schon ganz faul gewesen ist, und er ist auf dem Fenster auseinandergespritzt.

Der Reinhardt hat mich nicht gesehen, aber ich glaube, er weiß es, und er steckt immer sein Glas in das Auge, wenn er mich wo sieht. Aber wenn er lacht, fällt es heraus.

Er hat jetzt seinen Schnurrbart genommen und hat ein Kompliment gemacht und hat mit die Stiefelabsätze einen Spektakel gemacht, weil er sie immer aneinander gehaut hat.

Der Bogner hat sich hingesetzt, und der Reinhardt auch, und der Bogner hat gehustet und hat gesagt, also das Fräulein sind aus Indien. Die Cora hat nichts sagen gekonnt, weil der Seitz alles erklärt hat, sie ist aus Indien und die Tochter eines Plantaschenbesitzers, und sie ist nach Europa, daß sie ihre Verwandten kennenlernt.

Da hat der Bogner gefragt, wie es dem Fräulein in Deutschland gefällt, und der Seitz hat gesagt, es gefällt ihr gut, und sie gewöhnt sich daran.

Der Reinhardt hat das Glas in sein Auge getan und hat gesagt, wenn man in große Verhältnisse gewesen ist, muß man sich über eine kleine Stadt wundern. Die Cora hat gesagt, sie findet es ganz schön hier.

Der Reinhardt hat gesagt, ja, aber er weiß es selber, daß es einen wundert.

Da hat der Bogner wieder geredet und hat gesagt, daß das gnädige Fräulein so braun ist.

Und der Seitz hat es erklärt, daß es von ihrer Mutter kommt, und sie ist eine Eingeborene gewesen.

Der Bogner hat gesagt, es ist interessant, und der Reinhardt hat gesagt, ein Kamerad war bei die indische Armee und hat ihm alles erzählt von die Eingeborenen.

Sie haben immer weiter geredet mit der Cora, und der Bogner hat immer ein Kompliment gemacht, wenn er was gesagt hat, und der Reinhardt hat sein Glas hinein- und hinausgetan, und die Cora hat gelacht, und der Seitz ist ganz stolz gewesen, daß er sie herzeigen darf.

Ich und der Franz sind ganz weit drunten gesessen und haben hinaufgeschaut, aber der Franz hat nichts geredet.

Die Tante Theres hat still mit der Rosa gepispert, und bei der Tante Elis haben die Federn gezittert, und sie hat die Arme übereinandergetan und hat furchtbar Obacht gegeben.

Aber der Onkel Pepi ist bei uns herunten gewesen, und er hat immer seinen Krug mit dem Franz seinen Krug vertauscht und es war schon ganz lustig. Da hat die Musik eine Fransäß gespielt, und der Reinhardt hat die Cora genommen, und er hat zum Bogner gesagt, ob er ein Wisawi macht.

Der Bogner hat gesagt, er kann nicht tanzen, aber der Seitz hat unser Ännchen genommen und hat gesagt, er macht das Wisawi.

Und wie er hingegangen ist, da hat er sich furchtbar gescheit gemacht und hat mit sein Taschentuch gewunken und hat Spektakel gemacht und hat gerufen, man muß sich aufstellen, und man muß Wisawi machen. Der Bogner ist bei unserm Tisch geblieben, und er hat zu der Cora ein Kompliment gemacht, wie sie weg ist, und er hat ihr nachgeschaut, und dann hat er gesagt, sie ist eine merkwürdige Erscheinung.

Die Tante Elis hat ihren Mund langsam aufgemacht und hat gesagt, sie ist sehr merkwürdig. Und sie hat zu der Tante Theres hingeschaut, und die Tante Theres hat zu ihr hingeschaut.

Aber auf dem Bretterboden ist die Fransäß losgegangen, und ich habe zugeschaut. Von einer Seite ist ein Mädchen gegangen, und von der andern Seite ist ein Herr gegangen, und sie haben ein Kompliment gemacht. Der Seitz ist auf die Fußspitzen gegangen, und er hat gelacht, wie in seiner Apotheke, wenn er einer Magd Bongbong schenkt, aber der Reinhardt hat den Arm gebogen und ist marschiert wie ein Soldat und hat die Absätze aufeinandergehaut.

Der Seitz hat immer kommandiert, daß ihn alles anschaut, und er ist durch die Reihe gelaufen und hat gezählt, eins, zwei, eins, zwei.

Wenn er nicht hat tanzen müssen, ist er zum Reinhardt gehüpft und hat ihm etwas ins Ohr gesagt, und hat gelacht, ha, ha, als wenn er lustig ist.

Wie es fertig war, sind sie wieder auf unsern Tisch, und der Reinhardt hat gesagt, es ist schade, daß es nicht Winter ist, sonst ladet er die Cora zu einem Offizierball ein. Der Seitz hat gesagt, vielleicht ist die Cora noch da, und sie muß einen Offizierball sehen, und sie muß auch auf einen Studentenball. Es ist ganz anders wie heute, und es ist vornehm. Da hat der Reinhardt gesagt, es ist heute ein bißchen gemischt, und er hat sein Glas in das Auge gesteckt und hat herumgeschaut in dem ganzen Garten.

Der Seitz hat einen Seufzer gemacht und hat gesagt, leider ist es gemischt, aber man kann es nicht ändern bei die Liedertafel, weil so viele ungebildete

Elemente dabei sind. Da hat die Cora gesagt, es ist sehr nett, und sie hat nichts gemerkt von unanständige Leute.

Der Seitz hat gesagt, er meint nicht unanständig, aber es sind so viele Menschen da, die keine Bildung nicht haben, und man fühlt sich bloß recht wohl bei die Leute, die eine Bildung haben. Auf einmal hat der Franz geredet, und er ist zuerst immer durch seine Haare gefahren, und er hat gesagt, es gibt viele Leute, die glauben, sie haben eine Bildung, aber sie haben keine, und es gibt viele Leute, wo man glaubt, sie haben keine, und sie haben eine.

Alle haben den Kopf nach ihm gedreht, und der Seitz hat geschaut, als wenn er einen Feldstecher braucht, daß er ihn sieht, weil er so weit drunten ist.

Und er hat den Reinhardt angeschaut, und er hat ein bißchen gelacht und hat gesagt, entschuldichen Sie, ich habe Ihnen nicht verstanden. Der Franz ist ganz rot geworden, weil alle Obacht gegeben haben, und er hat gesagt, Sie haben gesagt, daß man hier bei die Leute ist, die keine Bildung nicht haben.

Ich glaube, der Seitz traut sich gar nichts, aber er hat sich getraut, weil der Reinhardt bei ihm war, und er hat mit die Finger auf den Tisch getrommelt, und er hat gesagt, ob es vielleicht nicht wahr ist, daß Leute da sind, die keine akademische Bildung nicht haben.

Da hat der Franz gesagt, es ist wahr, aber ob sie vielleicht schlechter sind, und ob man sagen darf, daß sie schlechter sind.

Der Franz hat laut geredet, aber der Seitz hat geredet, als wenn unser Rektor mit dem Pedell redet.

Er hat gesagt, entschuldichen Sie, aber er streitet nicht über so einen Gegenstand, und er streitet nicht vor die Damen, und er streitet nicht bei einem Fest.

Und er hat ihm angeschaut, als wenn er zum Fenster herunterschaut, und der Franz steht unten und hat hinaufgeredet. Und dann hat er weggeschaut. Da hat meine Mutter zum Franz gesagt, der Herr Apotheker meint es nicht so, und er hat ihn nicht beleidigt, und er hat Achtung vor einem jeden Stand, bloß wenn man anständig ist, und der Franz muß nicht beleidigt sein.

Der Franz ist aufgestanden, und er hat gesagt, er weiß schon, daß es meine Mutter gut meint, und sie muß entschuldichen. Und dann ist er weggegangen.

Der Reinhardt hat gefragt, wer dieser junge Mensch ist, und was der junge Mensch will.

Da hat der Seitz mit die Achseln gezuckt und hat gesagt, er ist ein Bräubursche.

Ich habe gesagt, es ist nicht wahr, er ist kein Bräubursche nicht, aber er kann alle Bräuburschen hinschmeißen. Meine Mutter hat gesagt, ich darf nicht hineinreden, und ich darf nicht immer vom Hinschmeißen reden, aber es ist wahr, der Franz ist kein Bräubursche nicht, er ist ein Praktikant und lernt das Bier machen. Der Seitz hat gesagt, er soll auch die Höflichkeiten lernen, und daß man nicht streitet vor die Damen. Da hat die Cora gesagt, sie glaubt, er ist ganz höflich, aber er hat gemeint, der Herr Seitz will ihm beleidigen. Meine Mutter hat freundlich auf sie gelacht, und sie hat gesagt, die Cora hat recht, und es ist ein Mißverständnis, und wenn man es dem Herrn Reiser sagt, ist es wieder gut. Da hat die Musik gespielt, und der Knilling ist mit der Cora fort, und der Reinhardt ist mit unserem Ännchen fort.

Die Tante Theres hat den Seitz angeschaut, ob er nicht einmal mit der Rosa geht, aber er ist sitzen geblieben, und da ist der Bader Fischer gekommen und hat die Rosa geholt.

Der Seitz hat den Bogner gefragt, ob er gehört hat, daß er wen beleidigt hat.

Der Bogner hat gesagt, er hat keine Beleidigung nicht gehört, aber diese Leute sind so empfindlich, wenn man von die akademische Bildung redet. Es ist auch keine Schmeichelei nicht, hat die Tante Theres gesagt. Meine Mutter hat zu ihr geschaut und hat die Augen gezwinkert.

Aber die Tante Theres hat so stark gestrickt, daß es mit die Nadeln geklappert hat, und sie hat es noch einmal gesagt, es ist keine Schmeichelei nicht, daß man sagt, daß es nicht anständig ist, wenn man nicht bei der Akademie war.

Der Seitz hat reden gewollt, aber da ist auf einmal ein furchtbarer Spektakel angefangen. Der Onkel Pepi hat mit seine Schnupftabakdose auf den Tisch gehaut und hat geschrien, man muß es ihm sagen, ob er anständig ist.

Die Tante Elis hat gerufen: Josef, meine Mutter hat ihm auch gerufen, und der Bogner hat gesagt: »Aber Herr Expeditor.«

Der Onkel hat nicht aufgepaßt, und er hat geschrien, man muß es sagen, ob er anständig ist, und er war bei keiner Akademie nicht, und man muß es sagen, ob die Postexpeditor anständig sind.

Und er hat jedesmal auf den Tisch gehaut, wenn er was gesagt hat.

Der Seitz hat gesagt, daß die Postexpeditor anständig sind.

Der Onkel hat aber noch lauter geschrien, man muß ein Schreiben aufsetzen, weil es sonst niemand glaubt, daß die Expeditor anständig sind und keine Akademie nicht brauchen.

Die Tante Elis hat gesagt, sie schreibt es ihm morgen auf.

Da hat der Onkel auf einmal gemerkt, daß der Franz nicht mehr da ist, wo er sich verstecken kann, und er hat der Tante ihr Auge gesehen, und er hat seinen Hut tief hineingesetzt, bis er ganz blind war, und er ist auf einmal still gewesen.

Meine Mutter hat zu mir gesagt, ich muß nicht immer da sitzen, sondern ich muß ein bißchen herumgehen.

Ich habe schon gemerkt, daß sie mich fortschickt, wegen dem Onkel seinen Spektakel, aber ich bin ganz gerne fort, weil ich gedacht habe, ob ich vielleicht zum Franz komme.

Ich bin hinter der Bierhütte hinauf, und da habe ich ihn gesehen. Er ist auf einem Stock gesessen, und er hat gesagt, bist du da?

Ich habe gesagt, ja.

Da hat er gefragt, ob sie recht zornig sind auf ihm, weil er gestritten hat.

Ich habe gesagt, daß meine Mutter ihm geholfen hat.

Er hat ein bißchen gelacht und hat gesagt, ja, deine Mutter.

Da habe ich gesagt, daß die Cora auch gesagt hat, er ist ganz höflich. Er hat gesagt, so so.

Und dann hat er gesagt, es ist wahr, er ist vielleicht höflich; ein Bauernknecht ist höflich, und ein Fuhrmann ist höflich, und die vornehmen Leute sind zufrieden, wenn man bloß höflich ist. Aber er ist nicht gebildet, und er ist nicht anständig, und man läßt es ihm so stark merken. Ich habe gesagt, man muß den Seitz hauen, dann ist es besser. Er hat gesagt, er meint nicht den Seitz, aber die Cora redet mit ihm anders, als wie mit die Gebildeten. Sie redet mit ihm ganz gut, aber es ist so, als wenn man im Wagen sitzt und redet mit dem Kutscher. Gerade so freundlich ist es.

Ich habe nichts gesagt, aber ich habe mich gewundert, was er für lange Reden macht, und früher hat er gar keine langen Reden gemacht.

Auf einmal hat er gefragt, ob es schwer ist, daß man das Lateinische und Griechische lernt.

Ich habe gesagt, wenn es einen freut, ist es vielleicht nicht schwer, aber ich glaube nicht, daß es einen freut.

Da hat er gefragt, wie lange es dauert, bis man es am schnellsten lernt.

Ich habe gesagt, in unserem Lesebuch steht eine Geschichte von einem Bauernknecht. Er hat Tag und Nacht gelernt, und er ist in drei Jahren fertig geworden.

Der Franz hat gesagt, vielleicht ist er recht gescheit gewesen.

Ich habe gesagt, ich weiß es nicht. Im Lesebuch steht, daß ein Professor in das Dorf gekommen ist, und er hat gleich gesehen, daß in dem Bauernknecht ein Geist ist. Aber die Professer kennen nichts; man kann sie furchtbar leicht anlügen. Vielleicht hat ihn der Bauernknecht auch angelogen.

Steht in dem Buch, daß er die ganze Nacht gelernt hat? hat der Franz gefragt.

Ich habe gesagt ja; ich weiß es auswendig, wie es heißt. Bei dem trüben Schein von der Stallaterne lernte er mit fieberhaftem Fleiße. Da hat der Franz gesagt, er hat es gewiß wegen einem Mädchen getan. Ich habe gesagt, ich weiß es nicht. Im Lesebuch steht es nicht. Es heißt bloß, er ist ein Erzbischof geworden.

Da hat der Franz gesagt, dann ist es nicht wegen ein Mädchen gewesen. Und er hat einen Seufzer gemacht und hat gesagt, es geht nicht. Wenn ein Erzbischof drei Jahre braucht, dauert es bei ihm viel länger, weil er keinen so guten Kopf nicht hat. Und bis er anfängt, fahrt die Cora vielleicht schon heim.

Ich habe gesagt, er soll froh sein, daß er nicht muß. Wenn man es nicht kennt, meint man vielleicht, es ist schön. Aber wenn man es kennt, ist es ekelhaft.

Der Franz hat den Kopf geschüttelt. Ich habe gesagt, ob er glaubt, daß vielleicht der Seitz das Lateinische kann.

Er hat gesagt, er braucht es nicht, aber er ist dabei gewesen. Die Hauptsache ist, daß einer dabei gewesen ist. Die Mädchen fragen nicht, ob einer was kann, sie fragen bloß, ob einer dabei war.

Ich habe gesagt, er soll wieder mitgehen auf unsern Tisch.

Aber er hat nicht gewollt. Er hat gesagt, es geht nicht; wenn er kommt, schaut ihn der Reinhardt durch das Glas an, und die Mädchen sind vielleicht mitleidig und sie behandeln ihn wie den Mann, der krank gewesen ist, und sie denken, man muß ihn schonen, weil er nicht dabei war, und vielleicht ist der schiefbeinige Salbenreiber ganz voller Erbarmung mit ihm und gibt ihm eine sanfte Rede ein, daß man sieht, wie er großmütig ist. Aber er mag nicht zuschauen, wie der Seitz herumgeht wie der Gockel auf dem Mist, und er mag nicht hören, wie er dem dummen Assessor die Cora erklärt, als wenn sie ein fremder Vogel ist, und er hat sie in seinem Käfig.

Er hat gesagt, er geht lieber heim, und er hat mir die Hand gegeben und ist fort.

Ich bin ganz traurig gewesen; da hat er mir gepfiffen und ist wieder hergekommen, und er hat gesagt, ich muß ihm das Buch leihen, weil er es lesen will, wie der Bauernknecht studiert hat. Ich habe gesagt, ich bringe es ihm morgen an den Gartenzaun.

Und dann ist er ganz fort.

Ich habe zuerst lange das Tanzen zugeschaut. Es ist schon dunkel gewesen, wie ich auf unsern Tisch gekommen bin, und der Seitz hat die Lampions angezündet.

Meine Mutter hat gefragt, ob ich den Franz gesehen habe.

Ich habe gesagt ja.

Da hat die Cora gefragt, wo er ist.

Ich habe gesagt, er ist heim.

Meine Mutter hat gesagt, es ist schade, man muß ihm sagen, daß er nicht beleidigt worden ist, denn man muß niemand weh tun.

Da ist auf einmal ein Spektakel gewesen. Der Onkel Pepi hat furchtbar geweint, daß ihm die Tränen gekugelt sind, und er hat geschluchzt, daß die Leute überall geschaut haben.

Die Cora und Ännchen sind aufgesprungen, und meine Mutter ist aufgestanden, und sie hat gesagt, um Gottes willen, was der Onkel hat.

Bloß die Tante Elis ist ganz ruhig gewesen, und sie hat langsam gesagt, er ist betrunken.

Da hat der Onkel noch viel lauter geweint.

Der Bogner ist vom andern Tisch gekommen, und der Sattler Weiß ist gekommen und seine Frau, und der Weiß hat gesagt, was ist, was ist?

Nichts, hat die Tante Elis gesagt, er ist betrunken.

Aber der Onkel hat geschluchzt und hat gesagt, man hat ihm weh getan, und er ist anständig, und man muß es aufschreiben, daß ein Postexpeditor auch anständig ist.

Da hat der Weiß gelacht, und die andern haben auch gelacht, und die Tante Elis hat gesagt, der Onkel muß heim.

Der Onkel hat mit seinem Sacktuch die Tränen aufgewischt, und er hat gesagt, er mag nicht, und man muß es zuerst aufschreiben.

Der Knilling ist zu der Tante hin und hat gesagt, wir gehen gleich alle mit die Lampions heim, und da geht der Onkel schon mit.

Die Musik hat ein Zeichen gemacht, und die Leute haben sich aufgestellt. Meine Mutter hat wieder fahren dürfen, und der Seitz hat gesagt, es ist noch ein Platz da, vielleicht fahrt die Tante Elis, oder man ladet den Onkel auf.

Die Tante Elis hat gesagt, sie fahrt, und der Betrunkene muß gehen, daß er vielleicht nüchtern wird.

Die Musik hat gespielt, und wir sind marschiert, und wir haben alle Lampions gehabt.

Vor mir ist die Cora gegangen mit Ännchen, und der Seitz und der Reinhardt waren bei ihnen.

Ich war neben dem Onkel Pepi. Der Sattler Weiß hat ihn gehalten, und er hat immer die Beine durcheinander getan, und er hat gesagt, wenn er tot ist, muß man auf den Grabstein eine Schrift machen, daß er Expeditor, aber anständig gewesen ist.

Der Sattler Weiß hat gesagt, ja, es wird auf seinen Grabstein hingeschrieben.

Der Onkel hat gesagt, der Weiß muß es versprechen.

Der Weiß hat gesagt, er verspricht es. Da hat der Onkel wieder geweint und hat gesagt, daß alle Leute es lesen müssen, und daß man es erfahrt, wenn er tot ist, und vielleicht fragt ihn der liebe Gott auch, ob er bei der Akademie war. Aber auf einmal hat er einen Hätscher gehabt und hat bloß still geweint.

Beim Tor hat die Musik aufgehört, und wir sind aber noch marschiert bis zum Stadtplatz, und da sind wir auseinandergegangen. Ich bin mit Ännchen und Cora, und der Seitz und der Reinhardt hat uns begleitet.

Bei unserm Haus hat meine Mutter gewartet, und sie hat zum Seitz gesagt, daß es ein gelungenes Fest war, und wir bedanken uns. Der Seitz hat gesagt, er hofft, daß die Damen zufrieden sind mit das Gebotene, und er hat meiner Mutter die Hand gegeben und Ännchen, und dann hat er seine Augen hinausgehängt und hat der Cora gute Nacht gesagt. Und der Reinhardt hat immer seine Absätze aufeinandergehaut. Dann sind wir in unser Haus.

Ich habe beim Fenster hinausgeschaut; da sind sie drunten erst weggegangen, und man hat den Reinhardt gehört, wie er gesagt hat, sie ist eine famose Erscheinung.

Aber beim Buchbinder Stettner ist unter dem Haustor jemand gestanden und ist jetzt auch langsam fortgegangen.

Ich glaube, es ist der Franz gewesen.

E.T.A. Hoffmann

Die Abenteuer der Silvesternacht

Vorwort des Dichters

Der reisende Enthusiast, aus dessen Tagebuch abermals ein Callotsches Phantasiestück mitgeteilt wird, trennt offenbar sein inneres Leben so wenig vom äußeren, daß man beider Grenzen kaum zu unterscheiden vermag. Aber eben, weil du, günstiger Leser, diese Grenze nicht deutlich wahrnimmst, lockt der Geisterseher dich vielleicht hinüber, und unversehens befindest du dich in dem fremden Zauberreich, dessen seltsame Gestalten recht in dein äußeres Leben treten und mit dir auf du und du umgehen wollen wie alte Bekannte. Daß du sie wie diese aufnehmen, ja daß du, ihrem wunderbarlichen Treiben ganz hingegeben, manchen kleine Fieberschauer, den sie, stärker dich fassend, dir erregen könnten, willig ertragen mögest, darum bitte ich, günstiger Leser, recht von Herzen. Was kann ich mehr für den reisenden Enthusiasten tun, dem nun einmal überall und so auch am Silvesterabend in Berlin so viel Seltsames und Tolles begegnet ist?

Die Geliebte

Ich hatte den Tod, den eiskalten Tod im Herzen, ja, aus dem Innersten, aus dem Herzen heraus stach es wie mit spitzigen Eiszapfen in die glutdurchströmten Nerven. Wild rannte ich, Hut und Mantel vergessend, hinaus in die finstre stürmische Nacht! – Die Turmfahnen knarrten, es war, als rühre die Zeit hörbar ihr ewiges furchtbares Räderwerk, und gleich werde das alte Jahr wie ein schweres Gewicht dumpf hinabrollen in den dunkeln Abgrund. –

Du weißt es ja, daß diese Zeit, Weihnachten und Neujahr, die euch allen in solch heller herrlicher Freudigkeit aufgeht, mich immer aus friedlicher Klause hinauswirft auf ein wogendes, tosendes Meer. Weihnachten! Das sind Festtage, die mir in freundlichem Schimmer lange entgegenleuchten. Ich kann es nicht erwarten – ich bin besser, kindlicher als das ganze Jahr über, keinen finstern gehässigen Gedanken nährt die der wahren Himmelsfreude geöffnete Brust; ich bin wieder ein vor Lust jauchzender Knabe. Aus dem bunten vergoldeten Schnitzwerk in den lichten Christbuden lachen mich holde Engelgesichter an, und durch das lärmende

Gewühl auf den Straßen gehen, wie aus weiter Ferne kommend, heilige Orgelklänge: »Denn es ist uns ein Kind geboren!« – Aber nach dem Fest ist alles verhallt, erloschen der Schimmer im trüben Dunkel. Immer mehr und mehr Blüten fallen jedes Jahr verwelkt herab, ihr Keim erlosch auf ewig, keine Frühlingssonne entzündet neues Leben in den verdorrten Ästen. Das weiß ich recht gut, aber die feindliche Macht rückt mir das, wenn das Jahr sich zu Ende neigt, mit hämischer Schadenfreude unaufhörlich vor. »Siehe«, lispelt's mir in die Ohren, »siehe, wieviel Freuden schieden in diesem Jahr von dir, die nie wiederkehren, aber dafür bist du auch klüger geworden und hältst überhaupt nicht mehr viel auf schnöde Lustigkeit, sondern wirst immer mehr ein ernster Mann – gänzlich ohne Freude.« Für den Silvesterabend spart mir der Teufel jedesmal ein ganz besonderes Feststück auf. Er weiß im richtigen Moment, recht furchtbar höhnend, mit der scharfen Kralle in die Brust hineinzufahren und weidet sich an dem Herzblut, das ihr entquillt. Hilfe findet er überall, sowie gestern der Justizrat ihm wacker zur Hand ging. Bei *dem* (dem Justizrat, meine ich) gibt es am Silversterabend immer große Gesellschaft, und dann will er zum lieben Neujahr jedem eine besondere Freude bereiten, wobei er sich so ungeschickt und täppisch anstellt, daß alles Lustige, was er mühsam ersonnen, untergeht in komischem Jammer. Als ich ins Vorzimmer trat, kam mir der Justizrat schnell entgegen, meinen Eingang ins Heiligtum, aus dem Tee und feines Räucherwerk herausdampfte, hindernd. Er sah überaus wohlgefällig und schlau aus, er lächelte mich ganz seltsam an, sprechend: »Freundchen, Freundchen, etwas Köstliches wartet Ihrer im Zimmer – eine Überraschung sondergleichen am lieben Silvesterabend – erschrecken Sie nur nicht!« – Das fiel mir aufs Herz, düstere Ahnungen stiegen auf, und es war mir ganz beklommen und ängstlich zumute. Die Türen wurden geöffnet, rasch schritt ich vorwärts, ich trat hinein, aus der Mitte der Damen auf dem Sofa strahlte mir *ihre* Gestalt entgegen. *Sie* war es – *Sie* selbst, die ich seit Jahren nicht gesehen, die seligsten Momente des Lebens blitzten in *einem* mächtigen zündenden Strahl durch mein Innres – kein tötender Verlust mehr – vernichtet der Gedanke des Scheidens! – Durch welchen wunderbaren Zufall sie hergekommen, welches Ereignis sie in die Gesellschaft des Justizrats, von dem ich gar nicht wußte, daß er sie jemals gekannt, gebracht, an das alles dachte ich nicht – ich hatte sie wieder! – Regungslos, wie von einem Zauberschlag plötzlich getroffen, mag ich dagestanden haben; der Justizrat stieß mich leise an: »Nun, Freundchen – Freundchen?« Mechanisch trat ich weiter, aber nur *sie* sah ich, und der gepreßten Brust entflohen mühsam die Worte: »Mein Gott – mein Gott, Julie hier?« Ich stand dicht am Teetisch, da erst wurde mich Julie gewahr. Sie stand auf und sprach in beinahe fremdem Ton: »Es freut mich recht sehr, Sie hier zu sehen – Sie sehen recht wohl aus!« – und damit setzte sie sich wieder und fragte die neben ihr sitzende Dame: »Haben wir künftige Woche interessantes Theater zu erwarten?« – Du nahst dich der herrlichen Blume, die in süßen heimischen Düften dir entgegenleuchtet, aber sowie du dich beugst, ihr liebliches Antlitz recht nahe zu schauen, schießt aus den schimmernden Blättern heraus ein glatter, kalter Basilisk und will dich töten mit feindlichen Blicken! – *Das* war mir jetzt geschehen! – Täppisch verbeugte ich mich gegen die Damen, und damit dem Giftigen auch noch das Alberne hinzugefügt werde, warf ich, schnell zurücktretend, dem Justizrat, der dicht hinter mir stand, die dampfende Tasse Tee aus der Hand in das zierlich gefaltete Jabot. Man lachte über des Justizrats Unstern und wohl noch mehr über meine Tölpelhaftigkeit. So war alles zu gehöriger Tollheit vorbereitet, aber ich ermannte mich in resignierter Verzweiflung. Julie hatte nicht gelacht, meine irren Blicke trafen sie, und es war, als ginge ein Strahl aus herrlicher Vergangenheit, aus dem Leben voll Liebe und Poesie zu mir herüber. Da fing einer an im Nebenzimmer auf dem Flügel zu phantasieren, das brachte die ganze Gesellschaft in Bewegung. Es hieß, jener sei ein fremder, großer Virtuose, namens Berger, der ganz göttlich spiele und dem man auch aufmerksam zuhören müsse. »Klappre nicht so gräßlich mit den

Teelöffeln, Minchen«, rief der Justizrat und lud, mit sanft gebeugter Hand nach der Tür zeigend und einem süßen: »Eh bien!« die Damen ein, dem Virtuosen näher zu treten. Auch Julie war aufgestanden und schritt langsam nach dem Nebenzimmer. Ihre ganze Gestalt hatte etwas Fremdartiges angenommen, sie schien mir größer, herausgeformter in fast üppiger Schönheit als sonst. Der besondere Schnitt ihres weißen, faltenreichen Kleides, Brust, Schulter und Nacken nur halb verhüllend, mit weiten bauschigen, bis an die Ellbogen reichenden Ärmeln, das vorn an der Stirn gescheitelte, hinten in vielen Flechten sonderbar heraufgenestelte Haar gab ihr etwas Altertümliches, sie war beinahe anzusehen wie die Jungfrauen auf den Gemälden von Mieris – und doch auch wieder war es mir, als hab' ich irgendwo deutlich mit hellen Augen das Wesen gesehen, in das Julie verwandelt. Sie hatte die Handschuhe herabgezogen und selbst die künstlichen, um die Handgelenke gewundenen Armgehänge fehlten nicht, um durch die völlige Gleichheit der Tracht jene dunkle Erinnerung immer lebendiger und farbiger hervorzurufen. Julie wandte sich, ehe sie in das Nebenzimmer trat, nach mir herum, und es war mir, als sei das engelschöne, jugendlich anmutige Gesicht verzerrt zum höhnenden Spott; etwas Entsetzliches, Grauenvolles regte sich in mir, wie ein alle Nerven durchzuckender Krampf. »O er spielt himmlisch!« lispelte eine durch süßen Tee begeisterte Demoiselle, und ich weiß selbst nicht, wie es kam, daß ihr Arm in dem meinen hing und ich sie oder vielmehr sie mich in das Nebenzimmer führte. Berger ließ gerade den wildesten Orkan daherbrausen; wie donnernde Meereswellen stiegen und sanken die mächtigen Akkorde, das tat mir wohl! – Da stand Julie neben mir und sprach mit süßerer, lieblicherer Stimme als je: »Ich wollte, du säßest am Flügel und sängest milde von vergangener Lust und Hoffnung!« Der Feind war von mir gewichen, und in dem einzigen Namen Julie wollte ich alle Himmelsseligkeit aussprechen, die in mich gekommen. – Andere dazwischentretende Personen hatten sie aber von mir entfernt. – Sie vermied mich nun sichtlich, aber es gelang mir, bald ihr Kleid zu berühren, bald dicht bei ihr ihren Hauch einzuatmen, und mir ging in tausend blinkenden Farben die vergangene Frühlingszeit auf. – Berger hatte den Orkan ausbrausen lassen, der Himmel war hell worden, wie kleine goldne Morgenwölkchen zogen liebliche Melodien daher und verschwebten im Pianissimo. Dem Virtuosen wurde reichlich verdienter Beifall zuteil, die Gesellschaft wogte durcheinander, und so kam es, daß ich unversehens dicht vor Julien stand. Der Geist wurde mächtiger in mir, ich wollte sie festhalten, sie umfassen im wahnsinnigen Schmerz der Liebe, aber das verfluchte Gesicht eines geschäftigen Bedienten drängte sich zwischen uns hinein, der, einen großen Präsentierteller hinhaltend, recht widrig rief: »Befehlen Sie?« – In der Mitte der mit dampfendem Punsch gefüllten Gläser stand ein zierlich geschliffener Pokal, voll desselben Getränkes, wie es schien. Wie *der* unter die gewöhnlichen Gläser kam, weiß *jener* am besten, den ich allmählich kennenlerne; er macht, wie der Clemens im »Oktavian« daherschreitend, mit einem Fuß einen angenehmen Schnörkel und liebt ungemein rote Mäntelchen und rote Federn. Diesen fein geschliffenen und seltsam blinkenden Pokal nahm Julie und bot ihn mir dar, sprechend: »Nimmst du denn noch so gern wie sonst das Glas aus meiner Hand?« – »Julia – Julia«, seufzte ich auf. Den Pokal erfassend, berührte ich ihre zarten Finger, elektrische Feuerstrahlen blitzten durch alle Pulse und Adern – ich trank und trank – es war mir, als knisterten und leckten kleine blaue Flämmchen um Glas und Lippe. Geleert war der Pokal, und ich weiß selbst nicht, wie es kam, daß ich in dem nur von einer Alabaster-Lampe erleuchteten Kabinett auf der Ottomane saß – Julie – Julie neben mir, kindlich und fromm mich anblickend wie sonst. Berger war aufs neue am Flügel, er spielte das Andante aus Mozarts sublimer Es-Dur-Sinfonie, und auf den Schwanenfittichen des Gesanges regte und erhob sich alle Liebe und Lust meines höchsten Sonnenlebens. – Ja, es war Julie – Julie selbst, engelschön und mild – unser Gespräch, sehnsüchtige Liebesklage, mehr Blick als Wort, ihre Hand ruhte in der meinigen. – »Nun, lasse ich dich nimmer, deine

Liebe ist der Funke, der in mir glüht, höheres Leben in Kunst und Poesie entzündend – ohne dich – ohne deine Liebe alles tot und starr – aber bist du denn nicht auch gekommen, damit du mein bleibest immerdar?« In dem Augenblick schwankte eine tölpische, spinnbeinige Figur mit herausstehenden Froschaugen herein und rief, recht widrig kreischend und dämisch lachend: »Wo der Tausend ist denn meine Frau geblieben?« Julie stand auf und sprach mit fremder Stimme: »Wollen wir nicht zur Gesellschaft gehen? Mein Mann sucht mich. – Sie waren wieder recht amüsant, meiner Lieber, immer noch bei Laune wie vormals, menagieren Sie sich nur im Trinken« – und der spinnenbeinige Kleinmeister griff nach ihrer Hand; sie folgte ihm lachend in den Saal. – »Auf ewig verloren!« schrie ich auf – »Ja, gewiß Codille, Liebster!« meckerte eine l'Hombre spielende Bestie. Hinaus – hinaus rannte ich in die stürmische Nacht. –

Heinrich Mann

Der Kostümball

Das Vorzimmer stand leer, aber zwischen den roten Damasttapeten des Salons schien sich eine unerhörte Menge kostbar gekleideter Gäste zu bewegen. Die einander gegenüberliegenden Spiegel täuschten dem Auge eine Flucht von Sälen vor, in denen gleißende Seide, durchsichtige Gaze und blasse Spitzen auf strotzendem Sammet unabsehbar dahinfluteten. Die schimmernden Nacken der Frauen über den schweren Farben ihrer Gewänder, der Glanz ihrer Augen und alle ihre Juwelen mit blauen, gelben, roten, grünen und violetten Gluten tauchten unter in einer blitzenden Ferne wie in einem Riesenstrauß elektrisch sprühender Blütenkelche.

Er suchte, von der Schwelle aus, nach der Hausfrau. In einem Kreise drehender Paare, an der Seite eines dicken Herrn, dem sie eben die Zunge ausstreckte, verharrte sie in ungewohnter Reglosigkeit. Andreas durchschaute bald den Grund davon. Um ihre halbnackte Büste schlang sich nur ein Silbergürtel; vom Magen abwärts aber stak die kleine Matzke in einem mit glänzenden Schuppen bedeckten Futteral, dessen Verlängerung in steifen Windungen hinter ihr am Boden schleifte. Unten sahen aus einer sehr engen Öffnung die Füße hervor, und wie sie von ihnen Gebrauch zu machen gedachte, schien ein Rätsel. Sobald sie jedoch die Anwesenheit des Märchenprinzen bemerkte, begann sie in sichtlicher Erregung sich mit winzig kleinen, überhasteten Schritten fortzubewegen. Sie schleuderte die Arme geschmeidig in die Luft, daß einige der goldenen Reifen bis unter die Achselhöhlen zurückklapperten. In ihrem Drange, den behinderten Beinen vorauszueilen, warf sie den Leib vornüber. Die mit großen blauen Blumensternen durchflochtenen Haarsträhnen ringelten gleich feurigen Schlangen um Bienaimées spitze Schultern.

Sie schob ihn in das grüne Empfangszimmer zurück und schloß hinter ihnen die Tür. Dabei ließ sie ihn keinen Augenblick los, als fürchtete sie, er möchte ihr unversehens entgleiten wie ein allzu schöner Traum. Sie betrachtete ihn, beglückt und ängstlich.

»Sind Sie es denn nu wirklich?« sagte sie, mit bebender Stimme. Aber gleich darauf stutzte sie. Andreas versetzte: »Ich bin es, schöne Melusine.«

»Nanu?«

Sie sah ihm starr in die Augen. Plötzlich stemmte sie die Hände auf die Hüften.

»Aber so 'n Ulk! Sie sind es ja gar nich!«

»Ich bin der Märchenprinz Fortunato in eigner Person«, versicherte er mit ritterlicher Anmut. Doch war er nicht imstande, ihre zornige Enttäuschung zu besiegen.

»Ich will Ihnen mal sagen, was Sie sind. 'n ganzer fauler Kopp sind Sie, wenn Se was Neies wissen wollen, Sie!«

Er zog ihren Brief aus seinem Stulphandschuh.

»Da habt Ihr Euer Pergament zurück, schönste Herrin. Ich habe es dem Fürsten, an den Ihr mich absandtet, nicht überreichen können. Er war bei der Polizei nicht angemeldet.«

»Un denn meinen Sie woll, Sie können Ihre Bienaimée beblaßmeiern un mir Ihre eigene dämliche Person als Märchenprinz andrechseln? Oh, wie haben Sie sich aber geschnitten!«

»Schöne Melusine, erlaubt mir nur –«

»Was haben Sie denn immer mit Ihre Melusine? Ich verbitte mir Ihre Anzüglichkeiten. Jüngling, wie kommen Sie mir vor?«

Er taumelte zurück; er war nicht darauf gefaßt gewesen, das schreckliche Wort der faden Büffetdame im Café Hurra noch einmal von Frauenlippen fallen zu hören. Es traf eine zu schmerzhafte Stelle in seiner Seele, und er empörte sich. »Schließlich kann ich mich wohl anziehen, wie ich mag«, meinte er.

Sie lachte verächtlich. »Un geschminkt hat er sich auch noch ganz rosenrot ins Gesichte. Ich würde Ihnen gebieterisch die Türen meiner Villa Bienaimée weisen, aber Sie lassen mich gänzlich kalt, mein Herr, Sie können meinswegen hierbleiben.«

»Danke schön«, erwiderte er, und er folgte ihr. Es dauerte lange, bis sie in ihrem Käfig aus Pappe den Salon erreicht hatte. Mit schriller Stimme rief sie: »Platz for Aujust. Hier kommt der Märchenprinz Faulkopp!«

»Fortunato«, verbesserte Andreas bescheiden.

Kaflisch vom »Nachtkurier« lief singend herbei: »Du kommst, doch fängt es an, zu spät zu sein«.

Er trug einen malerischen Räubermantel und einen spitzen Hut, und er klimperte unausgesetzt auf seiner Mandoline. In seinem Munde verwandelte sich alles in Melodie.

Ein weibliches Wesen, klein und übertrieben kurzröckig, sprang zwitschernd vor Andreas' Füßen umher. Vorne schlug weißer Atlas gegen ihre Beine, hinten schwarzblauer Sammet. An den Schultern saßen riesige Flügel und oben auf der Frisur ein großer Vogelkopf mit langem Schnabel und gläsernen Augen. Die Larve, schmal wie eine Brille, bedeckte das Gesicht kaum von den Brauen bis auf den Nasenrücken.

»Kennst du mich, schöner Prinz?« fragte sie.

»Noch nicht.«

»Ich bin die Schwalbe, ich verkünde allenthalben den Sommer mit seinen Blumen und lauen Lüften!«

Kreischend und mit den Armen fuchtelnd, flatterte sie davon. Ihre Schwingen trafen jedermann in die Augen, beschädigten den Haarputz der Damen und erregten überall Feindseligkeit.

»Das war ja Werda Bieratz«, meinte Andreas. »Guten Abend, Herr Liebling.«

Ein persischer Zauberer im schwarzen Mantel, den Stab und die turmhohe Mütze von mystischen Zeichen bedeckt, strich mit blasser Hand durch seinen Bart von der Farbe des Ebenholzes.

»Die leben, die genießen!« sagte er, mit einer weiten Geste. Sofort setzte er hinzu: »Sehen Sie, mein lieber junger Freund, so schön könnten Sie es auch haben.«

»Wieso?«

»Sie richten sich neu ein, in der Lützowstraße, leugnen Sie es nicht, Freund. So etwas erfährt man gar bald, die Welt ist ja so klein. Nun, was will ich sagen? Hätten Sie mir, Ihrem ältesten Freunde, Ihr Vertrauen geschenkt, alles wäre längst getan. Was sage ich? Zum halben Preis wäre es getan und dennoch viel schöner. Fragen Sie den Herrn Generalkonsul selbst! Fragen Sie unsere freundliche Wirtin, das Fräulein Bienaimée Matzke. Was habe ich ihr nicht besorgt? Ihren neuen Namen habe ich ihr besorgt, und alles übrige hat sie ebenso billig.«

Das unsichtbare Orchester spielte einen Sir Roger. Eine reinliche Zigeunerin, in Satin-Duchesse und mit vielen Brillanten behangen, ward von Pimbusch in anmutigen Wendungen vorübergeführt. Der Schnapsfeudale, in Frack und Domino, winkte von weitem: »Die leben, die genießen!«

Pimbusch litt niemand im Saale, den er nicht in diese Formel eingeweiht hatte. Auf seinen Lippen ward sie sakramental. Wenn heute ein Bemitleidenswerter mit dem einst glänzenden Wort von der lieben Unschuld sich verspätet hätte, unter Pimbuschs Blicken hätte er fühlen müssen, daß er deklassiert sei.

Lizzi Laffé zeigte sich am Arme des Herrn von Rcszscinski, pomphaft umflossen von den weißsammetnen Falten ihres Renaissancekostüms, die Taille spitz, die Ärmel riesig gewölbt und vom Hals bis zu den Füßen bestickt mit goldenen Arabesken.

»Sie ist zu eng geschnürt«, sagte Andreas zu einem gähnenden Nachbarn, »aber sehr diskret ausgeschnitten. Und weshalb sollte sie mehr tun? Sie hat recht, wenn sie es verschmäht, Vorzüge zur Schau zu stellen, die ohnehin niemand unbekannt sind.«

Seitdem Astas für Lizzi so verderblicher Herzenstrieb mit seiner Hilfe erstickt worden war, brachte er Türkheimers ehemaliger Freundin eine selbstlose Zuneigung entgegen.

»Es ist gut«, meinte er, »daß sie uns durch Rcszscinski wenigstens teilweise erhalten bleibt. Was wäre das Schlaraffenland ohne sie?«

»Gnädigste Frau sind die Königin des Festes«,

sagte er, als sie dicht an seiner Schulter vorbeitanzte. Sie schlug dankbar mit dem Fächer nach ihm.

Aber die Männer drängten sich, mit gereckten Hälsen, in dichtem Kreise um die Hausfrau. Unfähig, sich von der Stelle zu bewegen, unterhielt sie ihre Verehrer durch bacchantische Verrenkungen des Oberkörpers.

»Is es nich ein Leben wie im Sommer?« rief sie.

»Un allens is da, un wenn einer sonst noch was nötig hat, braucht er es bloß sagen. Beschafft wird alles, wenn't auch schwerfällt. Besehn Sie sich mal das scheene bunte Bild da hinten überm Kamin.«

Alle Köpfe wandten sich. Ein wenig niedriger als die Prachtstücke der Benlliure und Villegas, auf dem Ehrenplatze zwischen ihnen, hing jetzt in schwergoldenem Rahmen ein scheußlicher Öldruck, die gemütstiefe Darstellung schlichtbürgerlichen Familienglückes. Gerührt erklärte Bienaimée: »Das is ja das Dings, wo ich mir schonst nach aufgehängt habe, als ich noch 'n Wurm war un eingesegent ward. Det mußte ich haben, un wenn't auch fümf Fennig kosten dhäte. Mein hoher Gönner hat sich dessentwegen auf 'n Kopp gestellt, un Herr Liebling hat alleine fufzig Märker für Droschkenfahren veraast, bis er das Dings hatte. Na un nu? Da ist es, wie Sie sehn!«

Diederich Klempner, der Andreas die Hand schüttelte, bemerkte: »Und zu sagen, daß unsere viehischen Instinkte uns dermaßen kopflos machen, daß wir die krasse Lächerlichkeit dieser Weiber momentan vergessen können. Aber passen Sie auf, ich will es ihnen nächstens geben!«

Seitdem Klempner, auf Herrn von Rcszscinski gestützt, nur noch eine lose Verbindung mit dem Schlaraffenland unterhielt, gefiel er sich, seinem staatserhaltenden Äußern zum Trotz, immer entschiedener in demagogischen Anschauungen. Andreas fürchtete, durch einen öffentlichen Verkehr mit ihm seinem Rufe zu schaden; er entfernte sich von der Seite des Kollegen. Doch hatten die lauten Reden der kleinen Matzke auch ihm einen peinlichen Eindruck hinterlassen. Es ahnte ihm, als erwecke er selbst, mit all seinem Märchenzauber, in der Seele des glücklichen Proletarierkindes ganz ähnliche Vorstellungen wie jener gefühlvolle Schund. Das Familienglück und der Märchenprinz, sie entstammten möglichenfalls einer und derselben Waschküche. Wie war das beschämend! Wie viele muffige Erinnerungen an Hinterhäuser mochten mit der Tochter des Genossen Matzke hier eingezogen sein, um in den Prunkgemächern umzugehen als armseliger Spuk!

Allmählich erstreckten seine übelwollenden Betrachtungen sich auf die ganze Gesellschaft. Die den Sommer verkündende Schwalbe war keineswegs der poesiereichste unter den Einfällen der Damen. Eine Köchin in rosaseidener Robe, tief ausgeschnitten und mit nackten Armen, in Spitzenschürzchen und Mullhäubchen, ließ im Takte ihrer wiegenden Hüften die hölzernen Löffel, Pfannen und Reiben klappern, die inmitten wehender Bänder um ihren Leib und um ihre Rockkante baumelten. Satanella sprang im feurigen Kleidchen, aus dem gelbseidene Flammen schlugen, mit teuflischer Zuchtlosigkeit umher. Sie verlor regelmäßig einen ihrer roten Schuhe und versengte den Unvorsichtigen, der ihn zurückbrachte, mit einem ihrer berufsmäßigen Seitenblicke. Ihre Kappe loderte, und sie schwang den Dreizack. Mild und fromm aber gingen die holden Kinder des Lenzes einher, die auf dem Kopfe ein vergrößertes Stiefmütterchen oder eine Riesenheckenrose trugen. Der Vierländerin reichte ihr purpurner Rock kaum bis an die Knie, und er wippte in die Höhe bei jedem ihrer Schritte. Ihr schwarzes Mieder glänzte von lauter bunten Flittern, die großen Schleifen an ihrem Hinterhaupte und auf ihren Lackschuhen wurden von Brillantagraffen gehalten. Auch das Sammetkostüm eines italienischen Bauernmädchens, ungefähr aus der Gegend, wo man an immerwährendem Hunger und Fieber dahinsiecht, war mit Edelsteinen üppig bestirnt. Eine untersetzte Blondine hatte ihr weißes Atlaskleid mit einer schwarzen Stickerei versehen lassen, die das Notensystem vorstellte. Balken und Striche waren ohne Bedenken überall verteilt, und als Grundmuster dienten Violinschlüssel. Auf der Frisur türmte sich ein kunstvolles Gebäude aus Notenpapier. Sooft das Orchester einen neuen Tanz zu spielen begann, blieb sie stehen und erhob, träumerisch lächelnd, ihren Taktstock. Andreas erkannte mühelos in dieser Dame die fleischgewordene Musik; doch wußte er weniger anzufangen mit einer ihr ähnlichen Erscheinung, deren Gewand statt der Noten wahllos mit großen und kleinen Lettern übersät war. Über ihren ganzen Rükken rauschte eine schwere Schleppe hernieder, von aufgeschlagenen Buchdeckeln lose umklappert. Schultern und Kopf prangten in Zieraten von derselben Form. »Vielleicht will sie die deutsche Bildung sein«, meinte Andreas, aber sie hatte kaum bemerkt, daß sie ihm ein Rätsel sei, als sie auch schon erklärte: »Ich bin der Bücherwurm.«

»Ah! Das hätte ich mir denken können. Und ist das da auch voll von Büchern?« fragte er, indem er sich anschickte, den Inhalt ihrer Corsage zu untersuchen, die ihm zu stark entwickelt vorkam. Doch nahm sie es übel.

»Du bist ja 'ne nette Biele! So 'n Märchenprinz meint woll, unsereiner geht bloß sonntags fein angezogen.«

Und sichtlich verstimmt ließ sie ihn stehen.

›Ich habe heute abend kein Glück‹, sagte er sich. ›Fortunato war ein verfehlter Name.‹

Mehrere weibliche Masken, die ihm freundlich entgegenkamen, enttäuschte er durch seine höhnische Kälte. Er meinte, die Entscheidung darüber wäre schwer, wer dümmer sei, die anständigen Frauen, denen man im Türkheimerschen Salon begegnete, oder die hier auftretenden Geschöpfe. Möglichenfalls gebührte diesen der Preis. Sie tollten in erkünsteltem Übermut durcheinander, sie breiteten mit verzweifelter Freigebigkeit alle ihre Reize aus und kreischten dazu wie besessen – um die ausgelassene Miene unversehens in ihre alten bösen, verlebten und gierigen Falten zurückfallen zu lassen, wenn Satanellas Drachenflügel ihnen eine Straußenfeder geknickt hatten oder ihre fliegenden Chiffons von einer ungeschickten Hand zerrissen waren.

Die Männer boten keinen erfreulicheren Anblick. In einen Domino gehüllt, glaubten sie sich anders betragen zu müssen als gewöhnlich, nur wußten sie nicht wie. Sie unternahmen einen launigen Sprung oder wagten eine leicht mißzuverstehende Gebärde, aber darauf entschuldigten sie durch ein zweifelhaftes Lächeln ihren Anfall von Wildheit. Sie zerdrückten eine Träne der Langeweile und feuerten sich an, indem sie einander zuriefen: »Die leben, die genießen!« – mit dem Stoßseufzer jenes betrunkenen Kopisten, der durch die Vermittlung der kleinen Matzke das geistige Bürgerrecht im Schlaraffenland erlangt hatte.

»Ihre Fröhlichkeit ist herzbrechend«, bemerkte Andreas. »Wie sollte es anders sein? Einen richtigen Mummenschanz haben sie nie gesehen.«

Und er schwelgte im Bewußtsein der älteren und leichteren Kultur seiner Heimat, wo jeder seßhafte Bauer ein Aristokrat war, verglichen mit diesen vergoldeten Landstreichern aus dem wilden Osten. Aber eine fremde Berührung störte ihn, wie die eines Taschendiebes, der sich an ihm zu schaffen machte. Er wandte sich um: es war die Hausfrau, sie schnüffelte, still und aufmerksam, an seiner Kleidung umher. Als sie sich ertappt sah, erklärte sie: »Entschuldigen Sie man, ich wollte bloß herauskriegen, ob es auch so riecht. Aussehn tut es ja ganz so, aber riecht es auch so? Das is die Frage.«

»Wie soll es denn riechen?«

»Nu, wie die Seifenschachtel, Sie wissen schon, wo mein Ideal aufgemalen war. Sie roch noch so süß, un nu schlag einer lang hin, ich müßte gänzlich auf dem Holzwege sein, wenn diß nich ebenso riecht.«

Andreas sagte sich im stillen, daß der Zauber der Erinnerung mit Bienaimée durchgehe. Er stützte die Rechte mit kraftvoller Anmut auf die schmale Hüfte, legte die Linke an den Degenknauf und warf sich in die Brust, so daß das Wams in den Nähten krachte. »Ich komme Ihrem Ideal also doch ziemlich nahe«, sagte er. Sie verschlang ihn mit den Blicken, ernsthaft, blaß und sichtlich verschüchtert.

»Un ob«, erwiderte sie träumerisch.

»Warum haben Sie sich dann vorhin so unpassend gegen mich benommen?«

»Sind Sie noch böse mit mir? Ich habe leider 'n bißken kodderiges Mundwerk, das liegt in der Familie. Was wir Matzkes sind, wir haben es alle, Sie verstehn? Aber darum keine Feindschaft nich. Sie bleiben doch immer ein wirklich scheener un feiner Mann.«

»Sehen Sie wohl?«

»Da gibt's nischt, un von alle, die hier rumwimmeln in meiner Villa Bienaimée, sind Sie nu schonst gewiß der Scheenste.«

»Na also.«

Er wandte sich gleichmütig von ihr weg.

»Wo bleibt denn Türkheimer?« fragte er.

»Sehn Sie man mal dorten hinter dem seidenen Ofenschirm mit den scheenen bunten Bildern zu. Da muß er stecken. Er hat seinen schlechten Dag. Un was will er denn auch? So 'n Krippensetzer.«

Türkheimer schien durch den niedrigen Paravent von allen Freuden des Lebens abgeschieden zu sein. Die blaue Seide seines Kaftans gleißte, die weiten Hosen aus kirschrotem Atlas fielen in schillernden Falten bis auf die grünen Schnabelschuhe. Seinen Bauch umspannte eine purpurne Schärpe, ein weißer Turban nickte im blutigen Lichte eines Halbmondes aus Rubinen auf seinem Haupte. Aber müde des eigenen Glanzes, senkte er die geschwollenen Lider; die Unterlippe hing über das Kinn herab, mutlos zerdrückten sich die rötlichen Favoris auf der Brust, umspielt von den Arabesken der Gold- und Silberstickerei, umfunkelt von den Brillanten des Sonnenordens von Puerto Vergogna. Die Lichter aller Juwelen eines Sagenreiches blitzten durcheinander an der breiten Scheide des ungeheuren Krummsäbels; doch ruhte eine welke Hand am Gehenke. Dumpf in sein Leiden ergeben, kauerte der Sultan auf seinem easy-chair.

»Wie soll es gehen?« erwiderte er auf Andreas' dringliche Erkundigung. »Faul, faul. Fragen Sie Klumpasch. Klumpasch, hörense mal!«

Der weltmännisch geschulte Arzt kam eilig herbei. Türkheimer fragte: »Immer noch ebensoviel?«

»Vierzig Gramm, Herr Generalkonsul.«

Türkheimer dachte nach.

»Es ist ja nicht viel«, seufzte er.

»Na, es reicht für den Anfang. Bloß Diät müssen Sie halten.«

»Und kein Sekt?«

»Seien Sie vernünftig, Herr Generalkonsul, Sie haben doch schon genug Sekt getrunken in Ihrem werten Leben.«

»Ich sage ja auch nichts. Es ist nicht wegen des Sektes, aber ich komme mir selbst so vor, wie soll ich sagen, so – süß, mit all dem Zucker – «

»Reinster Traubenzucker, verehrter Herr Generalkonsul.«

Türkheimer schwieg, er kraute sich am Kinn. Dann äußerte er: »Wenn er noch zu was zu brauchen wäre!«

»Auch noch? Freuen Sie sich, daß Sie ihn haben.«

»Es müßte eigentlich mehr sein. Sagen Sie, Doktor, könnte man ihn nicht für irgendwelche industriellen Zwecke verwerten?«

»Das ist ein Gedanke, Herr Generalkonsul, daran muß gearbeitet werden.«

»Ja, daran muß gearbeitet werden.«

»Also wünsche erfolgreiche Arbeit, Herr Generalkonsul.«

Klumpasch entfernte sich. Andreas dachte: ›Vierzig Gramm Zucker. Der Bedauernswerte!‹

Er sagte: »Sie haben übrigens eine vortreffliche Farbe, Herr Generalkonsul.«

»Am Leibe, meinen Sie wohl? Na, lassen Sie man. Was tue ich hier? Warum gehe ich nicht zu Bett? Ja, wenn ich nicht meiner kleinen Bienaimée helfen müßte, ihr Villachen einweihen. Wie kann sie es ohne mich? Das gute Kind, sehn Sie sie an, da steht sie. Sieht sie nicht aus wie 'n Lilienstengel?«

»Wie 'ne Feuerlilie, Herr Generalkonsul«, rief Süß, der den Kopf hinter die seidene Wand steckte.

Türkheimer lächelte blaß.

»So ist es, Süß, Sie haben es raus. Sie sind mein Freund, Süß, ich beteilige Sie an – na, es findet sich nächstens, an was ich Sie beteilige. Ich glaube, jetzt sollen wir essen. Was heißt essen? Kann ich essen?«

Auf der Schwelle des Speisezimmers zeigte sich Frau Kalinke im schwarzen Abendkleid, das knisterte, knatterte und zu bersten drohte. Sie legte die speckigen Hände über dem Magen zusammen und trippelte, den Kopf zärtlich auf die linke Schulter geneigt, der kleinen Matzke entgegen.

Die Hausfrau sagte, sobald sie sich niedergelassen hatte: »Jetzt kriegen wir mein Souper zu essen.«

Ihre Stimme war fest, und sie sah mit großen, leuchtenden Augen in der Tafelrunde umher. So zwanglos sie sich bisher betragen hatte, kam doch eine gehobene Feierlichkeit über sie, als sie sich in ihrem massiv silbernen Tafelgerät spiegelte. Leda mit dem Schwan, ein mächtiges Schaustück aus der Werkstätte Claudius Mertens', stand zwischen ihr und Türkheimer. Von dem Gefühl hoher Verantwortlichkeit ganz erfüllt, nahm sie ihrem Nachbarn, dem Freiherrn von Hochstetten, sein Glas aus der Hand, um es mit ihrer Serviette auszuwischen. Sein Widerspruch bestärkte sie in ihrem Eifer.

»Reinlichkeit muß sind«, erklärte sie.

Und zum Entsetzen der Frau Kalinke begann sie, so weit ihr Arm reichte, alle die blitzenden Kristalle, die Bordeaux-, Rheinwein- und Sherrygläser und die flachen geschliffenen Champagnerkelche mit ihrem Tuche zu bearbeiten. Vor den Kannen mit silbernem Deckel, in denen der Rotwein funkelte, schrak sie zurück, und sie ergriff mit beiden Händen ihren mattweißen, mit Monogramm und goldener Mäanderborte versehenen Teller, indem sie sich entschieden weigerte, irgend etwas anzunehmen, bevor nicht alle ihre Gäste versorgt seien.

Der Direktor Kapeller war für seine Umgebung der Gegenstand ungewöhnlicher Aufmerksamkeit. Diederich Klempner fragte ihn: »Ist es wahr, Herr Direktor, daß Sie zum Leiter des ›Deutschen Volksballetts‹ ausersehen sind?«

»Ich schmeichle mir, einige Aussichten zu besitzen«, erwiderte der Schauspieler, bescheiden lächelnd.

»Ja, wie kommen Sie denn dazu?« rief Lizzi Laffé. Andreas meinte verwundert: »Wer Ihnen das vor vier Wochen gesagt hätte, Herr Direktor!« Aber Kaflisch versetzte: »Warum soll er nicht Direktor vom ›Deutschen Volksballett‹ werden? Im Schlaraffenland kann doch jeder alles werden.«

»Ich bitte Sie, meine Herren«, sagte Kapeller. Er rutschte voll Furcht, den Neid der andern zu erregen, auf seinem Stuhl umher.

»Was kann ich denn dafür, meine Herren, sagen Sie es selbst. Kann ich für die Dummheiten der andern? Warum muß sich der unglückliche Direktor Nothnagel in seinem Direktionszimmer an einen Nagel hängen?«

»An einen Notnagel«, ergänzte Kaflisch.

»Ein Schmeerbauch, der sich entleibt, und ein Nothnagel, der sich an sich selbst aufhängt. Zu dumm.«

Kapeller schlug ein breites Gelächter an, aus Dankbarkeit gegen den Journalisten. Er fühlte, daß die ihn umgebende Eifersucht mit sich reden lasse.

»Genug, meine Herren, was sage ich? Der bedauernswerte, in unübersteigliche finanzielle Schwierigkeiten tief verwickelte Mann erhängt sich, und als der Herr Generalkonsul Türkheimer, der, wie Sie wissen, das ›Deutsche Volksballett‹ finanziert, von diesem Unglücksfalle Kenntnis erhält, da bin ich zufällig zugegen. Ein einfacher Besuch, Sie verstehn, bloß um mich bei unserm mächtigen Gönner in freundliche Erinnerung zu bringen. Aber wer da ist, der kriegt es. Habe ich denn irgendwelche Verdienste, meine Herren? Nein, ich habe keine. Aber der Herr Generalkonsul sagt zu mir: Kapeller, was meinen Sie? Und ich antworte: Herr Generalkonsul, ich stehe zu Diensten, und hoffe ich, die Sache günstig zu befingern. Was wollen Sie? Kann ich dafür? Habe ich denn Verdienste?«

Er drückte, demütig lächelnd, das fette Kinn auf das feuchte Vorhemd. Eine innere Stimme sagte ihm, daß es für ein noch so großes Glück am Ende Verzeihung gebe, wenn nur kein Verdienst damit verbunden sei. Dann wandte er sich an Andreas.

»Ich darf wohl auf Ihre gütige Unterstützung rechnen, mein werter Herr? Eine enge Verbindung mit den Kreisen der Literatur gestaltet sich für unser Institut zu einem unabweisbaren Bedürfnisse. Sie überlassen uns doch Ihre ›Verkannte‹ zur Aufführung?«

Bevor der junge Mann antworten konnte, fielen die Riesenheckenrose, die Köchin und der Bücherwurm über den Direktor her. Sie verlangten, engagiert zu werden.

Duschnitzki bemerkte, indem er ein Stück von einer violetten Trüffel in den Mund schob: »'n ganz netter Ausschank hier.«

»Hier kommen wir öfter her«, fügte Süß hinzu.

Es gab schwarze, violette und weiße Trüffeln, ganze Trüffeln und Trüffeln in Scheiben, Trüffelsaucen, Trüffeln in Champagner und Püree von Trüffeln. Ein spanisches Ragout von Geflügel, mit Kapern, Oliven und Korinthen in weißer Tunke, nebst Blätterteig und Kresse, entfesselte einige Leidenschaften. Nachdem die Neuheit des Gerichtes von den meisten zugestanden war, ließ Pimbusch sich durch seinen Ehrgeiz zu der Behauptung verführen, er müsse es schon irgendwo gegessen haben. Ein allgemeiner Unwille erhob sich gegen ihn, Liebling ermahnte ihn ernst zur Wahrhaftigkeit. Bienaimée entrüstete sich.

»Wie können Sie denn so aufschneiden, mein Herr. Dies Essen hat ja meine Köchin ganz alleine ausgeknobelt. So was von Köchin lebt nich, sage ich Ihnen, meine Herren. Bloß daß sie man eben noch durch die Türe durchgeht. Un nischt dhut das dicke faule A–«

Sie besann sich rechtzeitig.

»Un nischt dhut son Mächen, als Mittagbrot kochen. Wenn Sie meinen, daß sie auch mal im Hause was anfieße! Lieber beißt sie sich 'n kleinen Finger ab.«

Außer den Speisen vermochte vorläufig nichts, der Hausfrau Teilnahme abzugewinnen.

»Die Ente!« rief sie. »Das is was für arme Leute, die's nötig haben. Keule und Brust, sonst kriegen Sie nischt zu essen, das andere is eegal ausgequetscht. Drum is die Sauce auch blödsinnig kräftig.«

Türkheimer seufzte.

»Was tue ich damit?«

Er warf einen neidischen Blick auf den sorglos kauenden Jekuser und legte die Serviette beiseite.

»Ich soll keinen Sekt trinken«, sagte er. »Warum gehe ich nicht zu Bett? Bloß weil meine kleine Bien-aimée mich braucht bei ihrer ersten Festlichkeit in ihrem neuen Heim. Ist sie nicht jung? Ist sie nicht unerfahren? Und die Versuchungen, wie leicht treten sie heran an solch Kind.«

Er wiederholte seine Klagen mehrmals und nickte weinerlich dazu. Bald genoß er nur noch ein wenig Grahambrot und knipste, in trübes Sinnen verloren, mit dem Messer die krossen Splitter fort. Sie machten unerwartete Froschsprünge, und wenn sie einmal ganz verschwunden waren, sah er mit offenem Munde umher. Schräg gegenüber begann Werda Bieratz seine Belustigung nachzuahmen. Sie schnellte ihre Brotrinde so geschickt über den Tisch, daß ein winziges Stück in Türkheimers geöffneten

Schlund hinabflog. Er verschluckte sich, hustete, daß ihm die Tränen in die Augen traten, und goß vor Schreck und Unmut ein Glas Champagner hinunter.

Die kleine Matzke hatte in ihrer feierlich bewegten Stimmung mehr getrunken, als bei einem ersten Versuch zulässig erschien. Immer noch in sehr steifer Haltung, aber mit etwas schweren Lidern, musterte sie die Reihen ihrer Gäste. Sie fing an, unbeabsichtigte Dinge zu reden.

»Fiselig bin ich schonst«, bemerkte sie mit einem gerührten Glucksen. »Aber ich glaub, ich wer' noch knille. Man Geduld, oller Geldsack!«

Und sie reckte, nach Türkheimer hinüberblinzelnd, die Zunge aus. Lizzi Laffés Bemühungen, sie in das Geleise der feineren Sitte zurückzuführen, blieben vergeblich. Türkheimer lächelte zärtlich, sooft Bienaimée ihn ihren Geldsack nannte. Kaflisch meinte: »Wenn ein großer Mensch kaputtgeht, was ist das doch sozusagen für 'n feierlicher Sonnenuntergang!«

»Geldsack ist gut«, äußerte Klempner. »Wissen Sie, woran es mich erinnert? An die Dubarry, als sie ihren alten König mit La France anredete. ›La France, schmeiß deinen Kaffee nich um‹, sagte sie. In beiden Fällen wird ein ganzes Regime in seinem gekrönten Vertreter von so einem Mädchen verulkt und entweiht.«

»Oh!« flüsterte Liebling dumpf. »Wem sagen Sie dies? Sie berühren meine geheimsten Wunden.

Diese Mädchen sind die vorgeschobenen Posten der Revolution in unserm eigenen Lager. Sie schleichen sich bei uns ein, um alles zu besudeln, was uns heilig ist, und den Grund zu unterwühlen, auf dem wir stehen. Wenn ein Türkheimer von einer kleinen Matzke sich Geldsack nennen läßt und geschmeichelt dazu lacht, dann –«

»Dann dauert es nicht mehr lange!« rief Klempner, mit ausbrechendem Jubel. Er prunkte mit Kenntnissen, die außer ihm hoffentlich niemand besaß, und trank mehr als irgendein anderer: beides in der Absicht, sich für sein gesunkenes Ansehen zu entschädigen. Liebling befruchtete seinerseits durch den Genuß von Heidsieck den ihm innewohnenden moralischen Sinn. Dagegen kneipte Kaflisch ohne Hintergedanken. Für ernstere Probleme unempfänglich, erkundigte er sich bei der Hausfrau, wie es ihrem Herrn Vater gehe und ob er heute nicht mehr erscheinen werde. Vielleicht hatte er erwartet, sie werde seine Aufmerksamkeit anerkennen; doch gab sie ihm ihre Unzufriedenheit zu verstehen.

»Sie ordinärer Mensch meinen woll, Sie können mir Ihre dämlichen Witze vormachen? Warten Sie man, wenn ich mir Ihren Ölkopp kaufe! Wer an mir klingeln will, der fliegt raus aus meiner Villa Bienaimée. Hier is alles mein, ich brauche mir hier nischt gefallen zu gelassen un kann euch alle auf 'n Puckel rumhopsen, daß es man so knackt. Is es vielleicht nicht so?«

Man bestätigte es eifrig, und allmählich beruhigte sie sich.

»Klein, aber oho!« bemerkte Kaflisch, noch ganz erschüttert.

Trotz dieser Zwischenfälle ließ die Gesellschaft sich von keiner Festfreude hinreißen. Türkheimers seelische Gedrücktheit lastete auf allen. Nur Pimbusch und Hochstetten führten hinter dem Rücken der Musik, die sich fortwährend mit Gänseleberpastete vollstopfte, ein lebhaftes Gespräch. Die Ähnlichkeit ihres Schicksals als Gatten hatte sie zu Freunden gemacht, die einander stützten und Trost gewährten. Der Baron, der von Asta, seiner Schwester wegen, nur noch ein ungenügendes Taschengeld bezog, fand bei dem Schnapsfabrikanten eine stets offene Hand. Pimbusch bot ihm jedesmal das Doppelte an von dem, was er brauchte, denn der Umgang mit Hochstetten versorgte seine wahnwitzige Hoffnung auf Aufnahme in den hocharistokratischen Jeuklub mit immer neuer Nahrung. Der Orden, der in Astas Heiratskontrakt ihrem Vater zugesichert war, blieb aus, und Türkheimer schmollte mit Hochstetten. Pimbusch aber fuhr fort, den Freund zu lieben, wie eine schöne Chimäre, an die man glauben möchte.

Zuweilen aber ließ sich nichts vernehmen als irgendein verstohlenes Kichern, das unter dem Tisch hervorzudringen schien, und das niemals unterbrochene, behagliche Schmatzen des Herrn Jekuser.

Der Besitzer des »Nachtkurier« war Nichtraucher und Feinschmecker. Inmitten des matten Schweigens seufzte jemand: »Kellner, einmal Lebensfreude!«

Doch dieser Notschrei verhallte, und es war, als werde er erstickt und verschlungen von den schweren Falten der buntstrotzenden Gewänder, die die Tafel umkränzten. Prachtvoll, festlich und weit, warteten sie, um sich auszubreiten und zu leuchten, auf die mächtigen und leichten Gebärden überschäumender Bezwinger, die im Strahl von Kerzen, Silber und Kristallen, im Dampf der Speisen und im üppigen Atem der Blumen an Weibern und an Wein ihre Kraft gemessen hätten. Nun aber waren sie an zahme und durch wenige Stunden erquälter Tollheit schon verbrauchte Glieder verirrt; sie sanken zusammen auf Brüsten, die nicht jauchzten, sondern weise den Atem sparten, sie verkümmerten auf Mägen, die eine ängstliche Diät innehielten, und ihre Farben erloschen unter den nüchternen Blicken übermüdeter Augen.

Andreas nahm, sobald er sich gesättigt hatte, nacheinander mehrere verführerische Stellungen ein, deren Wirkung auf die kleine Matzke seine Erwartung übertraf. Sie riß die Augen auf, als er ihr, plötzlich die langen Wimpern hebend, sein von goldenen Locken umrahmtes Profil zeigte. Er legte einen Arm auf die Stuhllehne, so daß die Spitzenmanschette ihm bis über die Finger fiel, er senkte träumerisch das Gesicht, in das die Haare hineinglitten – und Bienaimée seufzte. Aber er richtete sich jäh auf, um, die Faust auf der Brust, mit umwölkter Stirn, stolz und kriegerisch nach einem unbekannten Gegner auszuschauen. Da faltete sie die Hände, und er hörte, wie sie bebend flüsterte: »Gibt es so was Scheenes! Das kriegt man ja auf keinem Theater zu sehen!«

Niemand achtete der Glücklichen; Kapeller gab gerade einen anziehenden Bericht von seinem Debüt als Künstler, vor zwanzig Jahren in Inowrazlaw. Es stellte sich heraus, daß er bereits in jener fernen Zeit mit Lizzi Laffé bekannt geworden war.

»Die schöne Jugendzeit«, sagte er, leise bewegt.

Sie lachte etwas säuerlich.

»Ach ja. Tempi peccavi.«

Liebling verbesserte: »Pater passati.«

»Meinen Sie vielleicht, ich weiß das nicht?« rief sie.

»Selbstredend. Es war nur, um etwas zu sagen«, versicherte er, sich entschuldigend.

»Ein unbedeutendes Mißverständnis, meine Gnädige.«

Aber in Lizzis Gesicht traten die großen roten Flecken unter dem Puder hervor. Sie atmete schwer.

»Tun Sie mir bloß nicht leid!« versetzte sie mit Nachdruck, indem sie sich erhob, um am Arme des stummen und dienstfertigen Rcszscinski rauschend und voll Pomp das Zimmer zu verlassen.

»Trösten Sie sich, mein Liebling«, sagte Kaflisch. »Es ist nicht Ihre Schuld. Die gute Seele hatte sich ja viel zu eng geschnürt, ihre Situation war unhaltbar geworden. Nu hat sie ihren Abgang, was will sie mehr?«

Mehrere Gäste benutzten die Gelegenheit, sich zu verabschieden. Türkheimer behauptete, es sei jetzt höchste Zeit, zu Bette zu gehen, und stand ächzend auf. Sogleich entquoll der kleinen Matzke eine neue Lebensfülle.

»Geldsack geht zu Bett!« rief sie. »Nu wird's gemischt bei Matzkes! Hurra!«

Frau Kalinke, die hüstelte und sich zierte, mußte ihr das mit Schuppen bedeckte Futteral von den Beinen ziehen, und kaum im Besitze ihrer Freiheit, begann sie in großen Sätzen und mit gellendem Geschrei ihren abziehenden Gönner zu umkreisen. Ihr rotseidener Unterrock flog wie vom Sturmwind gepeitscht bis über die Hüften hinauf. Sie warf die nackten Arme nach Türkheimer, ohne daß es ihm gelang, sie zu berühren. Plötzlich schnitt sie ihm, mit der brennenden, zottelnden Frisur dicht an seinem Gesicht, eine erschreckliche Grimasse, und bevor er sich erholte, hatte sie ihm schäkernd drei, vier kräftige Schläge auf den Bauch versetzt. Er nickte ihr mit schiefem Kopf ein Lebewohl voll sehnsüchtigen Bedauerns zu. Mit kleinen Schritten, von dem roten springenden Geschöpf immerfort umkreist, erreichte er die Tür. Dort wandte er sich noch einmal um und sagte, schwermütig und entsagungsvoll: »Die leben, die genießen!«

Die Zurückbleibenden sahen einander an, als bereiteten sie sich auf eine Veränderung des Tones vor. Aus dem Nebenzimmer, von der Terrassentür her, kam ein matter grauer Schein, der das Kerzenlicht gelb und die Mienen der Gäste fahl machte. Das Bewußtsein, im Ballsaal und bei Tische die ganze Nacht hingebracht zu haben, entzündete in ihnen augenblicklich eine wilde Freude. Dietrich Klempner grölte: »Sind wir nicht zur Herrlichkeit geboren?«

Und alle waren fest davon überzeugt. Durch die trübe Langeweile bis dahin niedergehalten, brach ihre ganze, allmählich aufgestaute Trunkenheit jetzt auf einmal aus. Wer etwas versäumt zu haben glaubte, der holte es in Eile nach, und Duschnitzki goß, ohne besondere Veranlassung, ein Weinglas voll Kognak hinunter. Die kleine Matzke, die es nicht nötig hatte, ergriff eine Karaffe mit der Aufschrift »Malaga« auf silbernem Schilde und setzte sie an den Mund. Kaflisch zermarterte die Saiten seiner Mandoline und krähte dazu wie ein Hahn. Süß versuchte, auf seinem Stuhl kopfzustehen, aber die Vierländerin schrie: »Mit die Klamottenbeene rummangeln is nich!«

Und sie stieß ihn hinab, sosehr er auch zappelte. Er nahm, mit der Hartnäckigkeit des Berauschten, einen neuen Anlauf, und dieselbe unnütze Grausamkeit verwehrte ihm sein Vergnügen, bis er endlich, ohnmächtig und in allen seinen Hoffnungen enttäuscht, laut weinend zu Boden sank.

Werda Bieratz verlangte mit Gezeter nach Anton, dem Kutscher der Hausfrau, doch diese griff ihr sofort mit gespreizten Fingern in die Haare.

»Det könnte dir woll so passen, olle Kreete. Aber so 'n scheener Mann is nischt für dein Fannkuchengesichte!«

Nur mit Mühe gelang es Liebling, die Damen zu trennen. Aber der Moralist ließ sich selbst, wenn auch flüchtig, zu ungewöhnlichen Handlungen verleiten. Er hielt seine hohe, mit mystischen Zeichen beschriebene Zauberermütze in die Flammen eines Kandelabers und schleuderte sie in die Luft. Jemand fing sie auf, und unermüdlich warf man die lodernde Fackel einander zu, ohne von Feuersgefahr etwas zu ahnen.

Satanella und die Köchin führten mit Kaflisch und dem Rechtsanwalt Goldherz einen der guten Sitte entfremdeten Tanz auf. Aber obwohl alle durcheinanderlärmten und verschlungen, mit bewußtlosem Geheule umherschwankten, so schien dennoch jeder in einer tiefen, entrückten Einsamkeit zu leben. Die bleichen schwitzenden Gesichter mit den glasigen Augen und den weit aufgerissenen Mündern trugen die Maske eines in sich selbst versunkenen, von seiner Idee besessenen Ekstatikers.

Umringt von Weibern, die wie Pfaue kreischten,

gab Süß auf dem roten Plüschteppich ganz still einen Teil des Genossenen zurück. Die Musik hatte, am Ende ihrer Pastete angelangt, mit heftigen Erstikkungsanfällen zu kämpfen. Man lockerte ihr Leibchen und leerte eine Flasche Sekt in ihre Corsage. Schmerzlich berührt durch diesen Anblick, hängte Bienaimée sich über die Rückenlehne ihres Stuhles. Sie schlug die Hände vor das Gesicht und brach in ergreifendes Jammern aus.

»Oh! wenn Mutter auf 'n Friedhof Heinersdorfer Straße es wissen dhäte, daß ich so jung schon an einen alternden Tyrannen geschmiedet.«

Die Herren fielen begeistert ein.

»Der alternde Tyrann hurra, hurra, hurra!«

Bienaimée sprang auf.

»Wer da nich aus de Jacke geht! Aber als wie ich, ich habe nu die Neese voll, ich ergebe mich nu – «

»Dem Trunke?« vermutete Klempner.

»Dem Verbrechen?« fragte Goldherz.

»Der Gottlosigkeit?« forschte Liebling.

»Nein, dem Sinnentaumel!« schrie sie, und indem sie die Arme ausbreitete, hintübergelegt wie in Verzückung, umschlang sie die Gestalt des Märchenprinzen mit einem flehenden Blick, zergehend in Zärtlichkeit. Aber die Situation deuchte ihm noch nicht reif, er trat von ihr weg, mit einer geschmeidigen Wendung, die ihr in den blauseidenen Trikots das Muskelspiel seiner Schenkel vorführte.

Unbekümmert um alle diese Einzelheiten, kletterte Kapeller auf den Tisch, um mitten unter zerpflückten Blumen, Brotrinden, Zigarrenasche und Weinresten den Prolog zu deklamieren, mit dem er das »Deutsche Volksballett« zu eröffnen gedachte. Er kam nicht weit; vor Schmerz laut brüllend sprang er wieder hinunter, da die Schwalbe ihn mit ihrem langen Schnabel heftig in die Wade gestochen hatte.

Nur Duschnitzki verhielt sich ruhig auf seinem Platze. Ein feines Lächeln erhellte seine Züge, er hatte einen Einfall. Er nahm seinen mattweißen Porzellanteller mit dem Monogramm B. M. und goldener Mäanderborte prüfend in die Rechte, wog ihn eine Sekunde lang und schleuderte ihn in wohlbedachtem Schwunge, kraftvoll und elegant zur Decke empor. Ein zweiter folgte, und mit einer durch Übung erlangten Gewandtheit hatte Duschnitzki bald ein Dutzend und mehr denselben Weg gesandt. Die Zigarette zwischen den Lippen und ein wenig eitel umherschweifend mit seinen mandelförmigen Sammetaugen, doch zielsicher und unverdrossen, arbeitete er fort.

Bienamée schaute ihm eine ganze Weile zu, ohne zu verstehen, was vorging. Endlich schrie sie auf: »Nu zertöppert er mir mein Geschirre! Ja, wissen Sie denn, was 't gekost' hat, als 't noch nei war?«

Gleich darauf sank sie tränenüberströmt an Andreas' Hals, wo sie liegenblieb. Ihre Gäste aber tanzten, zwei Zeigefinger hoch in der Luft, mit wippenden Frackschößen und flatternden Schleppen, pfeifend, meckernd und aus voller Kehle jubelnd, um Duschnitzki herum. Sie stießen sich gegenseitig in den Scherbenregen hinein, der ununterbrochen vom Plafond herniederging. Wer von einem Bruchstücke des einstigen Matzkeschen Services getroffen worden war, warf sich unter anhaltendem, durchdringendem Gequieke zu Boden und strampelte mit den Beinen.

Klempner und Liebling, die beiden Naturen, in denen die Menschenwürde am tiefsten eingewurzelt war, blickten unvermutet einander an und schlugen die Augen nieder. Liebling hielt noch den Arm erhoben, mit dem er voll ungeahnter knabenhafter Lustigkeit nach einer umhersausenden Schüssel greifen wollte. Er ließ ihn sinken, zuckte bedauernd die Achseln und wandte sich, als sei nichts geschehen, seiner verlassenen Flasche wieder zu. Klempner schlich beschämt zur Tür. Und ganz allmählich kehrten auch die übrigen zur Besinnung zurück. Einer nach dem andern sah sich um, verwundert, als sei ihm alles unbekannt. Voll Entsetzen bemerkte er plötzlich, daß er sich mitten in einem Tobsuchtsanfall befunden hatte. Dann knickte er zusammen und entfernte sich schweigend, mit schlotternden Knien, gebeugtem Rücken, Schweißperlen auf der blassen Stirne und seelisch ausgeleert. Der Morgen langte mit grauer, lähmender Geisterhand in das Gemach und fegte sie hinaus.

Andreas trug noch immer die Hausfrau am Halse.

Er spürte die schmerzlichen Zuckungen ihres schlanken Leibes, er sah die Beängstigungen, die ihr Magen ihr verursachte, und die grünliche Blässe auf ihrem Gesicht. Von Zeit zu Zeit lallte sie, sinnlos und vom Schluckauf unterbrochen: »Es wär so scheen gewesen.«

Er sagte, sooft ein Hinausgehender ihn mit einem bedeutungsvollen Blick streifte, gedankenlos vor sich hin: »Warum nicht?«

Aber in der verbrauchten und melancholischen Luft dieser verlassenen Tummelstätte allgemein menschlicher Triebe nährte jeder Atemzug die kläglichste Ernüchterung. Das Fleisch der kleinen Matzke schien ihm überhitzt und verwelkt, es duftete unklar und verdächtig. Ihr Haar und ihre halbnackte Büste fühlten sich feucht an, ihre Oberarme, deren Transpiration durch die Fettschminke hindurchsickerte, klebten an seinen Wangen. Sie hätte sich waschen sollen, meinte er. Übrigens hatte er selbst im Munde einen üblen Geschmack, den er vergebens hinunterzuschlucken trachtete.

›Was fange ich übernächtigt und verkatert mit solchem Abenteuer an?‹ fragte er sich.

›Ich finde das Geschöpf einfach widerwärtig‹, setzte er hinzu. Doch zugleich dachte er an Türkheimer, und er richtete sich stolzer auf.

›Er soll sehen, wen er vor sich hat!‹

Dann fielen ihm Adelheid und Köpf ein. Es wurde ihm ganz fröhlich zumute.

›Hierbei brauche ich nicht zu fragen, wen ich denn betrüge. Warte mal, ich betrüge Türkheimer, ich betrüge Adelheid, ich betrüge Köpf und betrüge die kleine Matzke, die mich mit ihm verwechselt. Oder hält sie mich jetzt allen Ernstes für den Märchenprinzen?‹

Er wiederholte, und diesmal mit Entschiedenheit: »Warum nicht?«

Liebling, der sich als der letzte, in überraschend strammer Haltung entfernte, nickte ihm leicht mißbilligend, doch verständnisvoll zu. Der Diener Friedrich schaute zweifelnd nach seiner Herrin aus, aber Frau Kalinke, einen Finger auf den Lippen, schob ihn unter dem heimlichen Knistern ihres Atlaskleides zur Tür hinaus. Andreas blieb, eine leise stöhnende Liebeslast an seiner Schulter, in dem leer gewordenen Saale zurück. Den Kopf voll Sekt, mit entschlummernden Sinnen, vernahm er, wie das Haustor ins Schloß fiel.

Quellenverzeichnis

Jules Barbey d'Aurevilly, Don Juans schönste Liebschaft.
Deutsch von Ernst Sander
Aus: J. B. d'A., Diabolische Geschichten
Greno Verlag Nördlingen 1985

Ludwig Börne, Der Opernball
Aus: L. B., Briefe aus Paris. Herausgegeben von Alfred Estermann
Insel Verlag Frankfurt am Main 1986

Joseph von Eichendorff, Die Gesellschaft
Aus. J. v. E., Ahnung und Gegenwart, Werke
Kohlhammer Verlag Stuttgart 1984

E.T.A. Hoffmann, Die Abenteuer der Silvesternacht (Auszug)
Aus: E.T.A. H., Werke in vier Bänden, Band I
Verlag »Das Bergland Buch« Salzburg

Marie Luise Kaschnitz, Silberne Mandeln
Aus: M. L. K., Ferngespräche
© Insel Verlag Frankfurt am Main 1966

Siegfried Lenz, Ball der Wohltäter
Aus: S. L., Der Spielverderber, Erzählungen
© Hoffmann & Campe Verlag Hamburg 1965

Heinrich Mann, Der Kostümball
Aus: H. M., Im Schlaraffenland
© Aufbau-Verlag Berlin und Weimar 1950

Roda Roda, Der Unteroffiziersball in Ototschatz
Aus: R. R., Heiteres und Schärferes
ders., Unser Hausball
Aus: Das große Roda-Roda-Buch
© Paul Zsolnay Verlag GmbH Wien/Hamburg

Robert Louis Stevenson, Das fünftägige Fest. Deutsch von Marguerite Thesing
Aus: R. L. St., Der Palast der vielen Frauen. Die Gilbertinseln (Sechstes Kapitel)
Copyright © by Diogenes Verlag AG Zürich

Ludwig Thoma, Das Waldfest
Aus: L. Th., Die Lausbubengeschichten, Gesammelte Werke
© R. Piper & Co. Verlag München 1968

Kurt Tucholsky, Berliner Ballberichte
Aus: K. T., Gesammelte Werke Band III/Seite 340
Copyright © 1960 by Rowohlt Verlag GmbH, Reinbek

John Updike, Glücklicher war ich nie. Deutsch von Maria Carlsson
Aus: J. U., Werben um die eigene Frau, Gesammelte Erzählungen
Copyright © 1971 by Rowohlt Verlag GmbH, Reinbek

Emile Zola, Das Fest zu Coqueville. Deutsch von Hans Jacob
Aus: E. Z., Ges. Novellen in zwei Bänden, Zweiter Band, München 1976
© G. Kiepenheuer Verlag Weimar 1974

Leider konnten nicht alle Rechteinhaber ermittelt werden. Berechtigte Honoraransprüche werden selbstverständlich abgegolten.

Bitte beachten Sie
die folgenden Seiten

Hella Knappertsbusch (Hrsg.)

Das Glück fürs Leben
UB 40086

Ein Kuß von deinem Mund auf meinen Mund
UB 40102

War das ein Fest!
UB 40123

Die Geliebte des Teufels
UB 40032

Das zweite Gesicht
UB 40055

Die Rache der Hexe
UB 40068

Vom gemeinen Metzgerhund und anderen trefflichen Tölen
UB 40034

Von klugen Katern und mausenden Miezen
UB 40047

Tage der Rosen – Stunden des Glücks
UB 40064

Entlang der Milchstraße
UB 40074

Ullstein Großdruck

Literatur für alle, die sich das Lesen leichter machen wollen.

Romane in der
Ullstein
Großdruck-Reihe

Barbara Noack
Geliebtes Scheusal
UB 40015
Die Zürcher Verlobung
UB 40040
Italienreise –
Liebe inbegriffen
UB 40059
Ein gewisser Herr
Ypsilon
UB 40085
Valentine heißt man nicht
UB 40114

Evelyn Peters
Mai in Morcote
UB 40117

Oscar Wilde
Das Bildnis des
Dorian Gray
UB 40072

Herman Bang
Am Wege
UB 40084

Vicki Baum
Menschen im Hotel
UB 40016
Rendezvous in Paris
UB 40097

Horst Biernath
Achtung, Kurven!
UB 40048

Christine Brückner
Ehe die Spuren verwehen
UB 40011
Ein Frühling im Tessin
UB 40046
Die Zeit danach
UB 40073
Letztes Jahr auf Ischia
UB 40099

Theodor Fontane
Effi Briest
UB 40014

Jack London
Der Wolf von Wallstreet
UB 40035

Hans Nicklisch
Einesteils der Liebe
wegen
UB 40038

Literatur und Unterhaltung in
Großdruck für alle, die sich das
Lesen leichter machen wollen.

Ullstein Großdruck